ÉLÉMENTS DE LA GRAMMAIRE FRANÇAISE

DE LHOMOND

Par N. GAVET

PROFESSEUR AU LYCÉE BONAPARTE

PARIS

LIBRAIRIE ADMINISTRATIVE ET CLASSIQUE DE PAUL DUPONT

Éditeur de la Bibliothèque des Campagnes

Rue de Grenelle-Saint-Honoré, 45

1860

X

25526

CORRIGÉS DES EXERCICES

SUR LES

ÉLÉMENTS DE LA GRAMMAIRE FRANÇAISE

En vente à la librairie PAUL DUPONT

OUVRAGES DU MÊME AUTEUR

—

Grammaire française. Prix cartonné. . . . . . 1 fr. 25 c.

Ouvrage dont l'introduction dans les Écoles publiques a été autorisée par un arrêté ministériel en date du 8 octobre 1859.

Éléments de la Grammaire française de Lhomond, édition revue et augmentée. Prix cartonné. . . . . . 50 c.
Exercices sur les éléments de la Grammaire française de Lhomond. Prix cartonné. . . . . 80 c.

SOUS PRESSE :

Exercices sur la Grammaire française. Prix cartonné. 1 fr. 25 c.
Corrigés des Exercices. . . . . 1 fr. 25 c.

1295. — Typ. GUIRAUDET et FILS, place de la Mairie, 2, à Neuilly.

CORRIGÉS DES EXERCICES

SUR LES

ÉLÉMENTS DE LA GRAMMAIRE FRANÇAISE

DE LHOMOND

Par N. GAVET

PROFESSEUR AU LYCÉE BONAPARTE

Prix cartonné : 80 c.

PARIS

LIBRAIRIE DE PAUL DUPONT

45, RUE DE GRENELLE-SAINT-HONORÉ, 45

1860

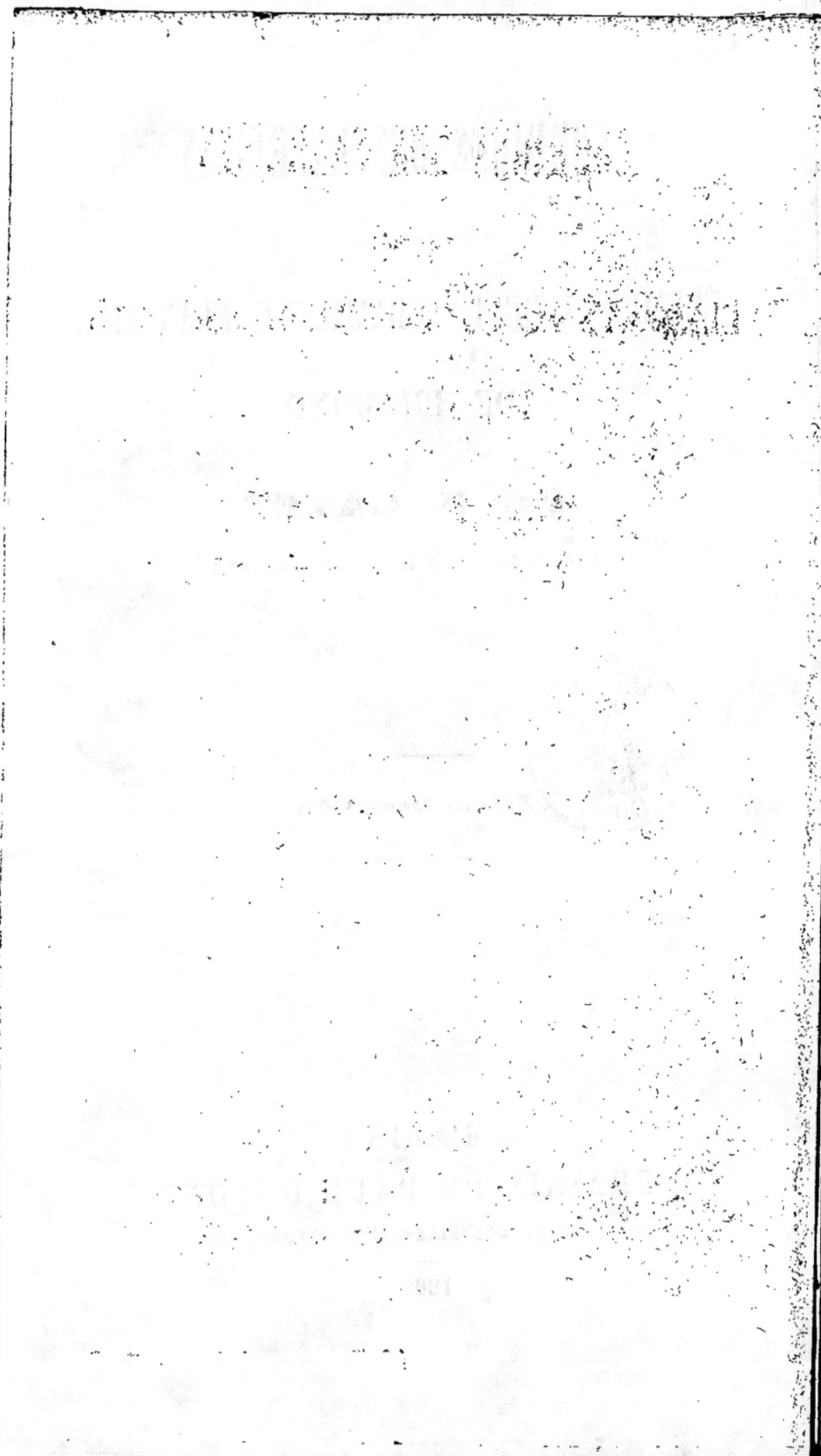

CORRIGÉS DES EXERCICES

SUR LES

ÉLÉMENTS DE LA GRAMMAIRE FRANÇAISE,

DIFFÉRENTES SORTES D'e.

Le chiffre 1 désigne l'*e* muet, 2 l'*e* fermé, et 3 l'*e* ouvert.

1. Première, désiré, demande, vérité, évêque, ar-
chevêque, épée, père, tête, après, année, éloge, écouté,
dédaigné, mêmes, guère, chevelue, négligée, mère,
fille, revenu, fière, écriture, flatteries, manière, pénétré, secrètes.

2. Intérêt, éloigné, ils éloignèrent, méchante, sin-
cère, écoute, remèdes, pièce, célèbre, célébré, abrégé,
propreté, être, très, carrière, pesé, système, caractère,
féroce, frère, mêlée, ils élevèrent, génie, héritière,
féerie.

³ ¹ ²¹ ³ ¹ ³ ¹ ² ² ²²¹ ¹
3. Alène, carrée, prêtre, lèpre, défiguré, agréée, se-
²¹ ³ ¹ ² ²²¹ ¹² ²¹ ² ¹ ²²
mées, prières, répétée, appelé, années, énorme, été,
² ²¹ ² ¹ ³ ¹ ²¹ ² ² ¹ ²¹
résignée, chimériques, ramène, idée, félicité, refusée,
² ¹ ¹ ³ ¹ ¹ ¹ ¹ ³¹
écorce, je remercierais, fatigue, livre, replète.

¹ ² ² ² ¹ ¹ ¹ ²² ² ¹ ³ ¹
4. Folie, séparé, guérie, petite, piété, chérie, bêche,
² ³ ¹ ² ³ ¹ ²¹ ² ² ² ² ¹ ³¹ ² ² ¹
sévère, élève, élevé, deshérité, il revèle, il révéla, re-
²¹ ² ³·¹ ¹ ¹ ² ² ¹ ² ³ ¹
tirée, ils échappèrent, je prierais, générale, étrangère,
² ¹ ³ ¹ ² ²¹ ³ ¹
délices, inquiète, épouvantée, conquête.

²¹ ² ¹ ² ¹ ³ ¹ ¹ ² ³ ¹ ¹
5. Armée, écorce, éperon, vêtue, levé, Grèce, pluie,
² ¹ ³ ¹ ² ² ¹ ³ ¹ ² ³·¹
pénible, Athènes, Lacédémone, lumière, ils évitèrent,
¹ ²¹ ² ²¹ ² ¹ ³ ¹ ² ¹ ¹· ¹
recourbée, récrée, agréable, rênes, étincelante, soie,
² ² ² ² ³ ¹ ³ ¹ ³·¹ ¹ ¹
délibéré, ils délibèrent, fidèle, grêle, ils tenaient.

¹ ³ ¹ ³ ² ² ² ³ ¹ ³ ¹
6. Genou, grève, pêché, péché, champêtre, sorcière,
¹ ¹ ¹ ¹ ¹ ³ ¹ ³ ¹ ² ¹ ³ ¹
le cadre de ce tableau, arène, crinière, poésie, poëme,
² ² ³ ¹ ³¹ ² ² ³·¹ ¹ ² ² ¹
société, baptême, zèle, austérités, siècle, degré, église,
² ¹ ³ ¹ ¹ ¹
théâtre, cèdre, galeries.

¹ ²¹ ³ ¹ ³ ¹ ² ¹ ³·¹
7. Renommée, passagère, discrète, établie, colère,
² ¹ ² ¹ ²² ¹ ³ ¹ ² ¹ ¹
révolte, Théodore, vénérable, amère, précipice, ils se

2 3 1   2 2   1   1 1 2   2   2   2 2 21   2
désistèrent, préférable, relevé, postérité, préférée, Dé-

3 1   2   2 2   2   1
mosthènes, préjugés, évangélique.

       2   1   2 2   3 1 2   3   2   1   21
8. Considérable, modéré, honnêteté, gênés, mesurée,

3 1   2 2 2 2   3 1   2 3 1 2   3   1   2   2
altière, dégénérés, quadrupède, légèreté, lèvre, dénué,

2 1   2 2   1   2 2   3   1   2 2 2   2
étoffe, ils préféraient, variété, sèche, précédé, il pré-

3 1   2 2 1   1 3 1   3 1   1
cède, tu révéleras, il revèle, j'appelle, nous appelons,

2   2 3 1
habité, ils préfèrent.

NOMS

9. Le chien, *c.* le livre, *c.* le Rhin, *p.* le père, *c.* Paul,
p. la ferme, *c.* le bois, *c.* Pauline, *p.* l'aliment, *c.* la
nourriture, *c.* les Anglais, *p.* le prix, *c.* la mer, *c.* le
village, *c.* Lyon, *p.* le lion, *c.* Joseph, *p.* la fabrique, *c.*
le paon, *c.*

10. La colline, *c.* la Bretagne, *p.* le Poitou, *p.* le
vice, *c.* la méchanceté, *c.* le crime, *c.* la vertu, *c.* les
Français, *p.* le Normand, *p.* la chandelle, *c.* le parc, *c.*
le jardin, *c.* l'herbe, *c.* les Gascons, *p.* le Breton, *p.* la
vigne, *c.* Dijon, *p.* Amiens, *p.*

11. Le rivage, *c.* Charles, *p.* Caroline, *p.* la mor-
sure, *c.* le rocher, *c.* la capitale, *c.* l'Orient, *p.* la province, *c.* la nation, *c.* le peuple, *c.* Achille, *p.* le héros, *c.* Juliette, *p.* août, *c.* samedi, *c.* l'année, *c.* le
mois, *c.* Londres, *p.* les pieds, *c.*

12. Le bras, *c.* la Pologne, *p.* les Polonais, *p.* le

froid, *c*. la somme, *c*. Pierre, *p*. Lille, *p*. Antoinette, *p*.
la vue, *c*. le pied, *c*. le soldat, *c*. le général, *c*. les ta-
bleaux, *c*. Eugène, *p*. le signe, *c*. la mer, *c*. l'Océan, *p*.
la Méditerranée, *p*. la fable, *c*. les doigts, *c*.

13. Le lièvre, *m*. la chèvre, *f*. le cheval, *m*. la jument, *f*. l'oncle, *m*. la tante, *f*. la fille, *f*. le fils, *m*.
le frère, *m*. la sœur, *f*. la cousine, *f*. la reine, *f*. le
roi, *m*. le cousin, *m*. le bélier, *m*. la brebis, *f*. le singe,
m. le cerf, *m*. la guenon, *f*. la biche, *f*.

14. Le camarade, *m*. l'ami, *m*. l'abbé, *m*. l'ab-
besse, *f*. le gland, *m*. la citrouille, *f*. le chêne, *m*. le
roseau, *m*. le verger, *m*. l'air, *m*. la fatigue, *f*. le pain,
m. la viande, *f*. la dette, *f*. l'histoire, *f*. l'encre, *f*.
l'écriture, *f*. Joseph, *m*.

15. L'âge, *m*. le garde, *m*. la plaine, *f*. l'envie, *f*.
l'amitié, *f*. le vin, *m*. le vice, *m*. la grandeur, *f*. l'habit, *m*. l'habitude, *f*. la réflexion, *f*. Octavie, *f*. la Tur-
quie, *f*. l'hirondelle, *f*. le corbeau, *m*. la nageoire, *f*.
Emilie, *f*. le citoyen, *m*.

16. Le fracas, *m*. l'éclat, *m*. l'aventure, *f*. Etienne,
m. Stéphanie, *f*. l'alambic, *m*. le réservoir, *m*. le chant,
m. la chanson, *f*. l'abîme, *m*. l'acte, *m*. l'éloge, *m*. la
Suède, *f*. le palais, *m*. la maison, *f*. la fraude, *f*. l'arti-
fice, *m*. l'antre, *m*. la caverne, *f*. les Suisses, *m*.

17. L'hôtel, *m*. l'hôtellerie, *f*. l'appel, *m*. Jules, *m*.
Socrate, *m*. l'emplâtre, *m*. l'éclair, *m*. l'astre, *m*. Cé-
sar, *m*. les Romains, *m*. l'argent, *m*. l'or, *m*. l'arc, *m*.
l'enclume, *f*. Antoinette, *f*. le chanvre, *m*. l'obstacle,

m. l'intervalle, *m.* l'incendie, *m.* l'ivoire, *m.* l'é-
bène, *m.*

18. L'hiver, *m.* l'alcôve, *f.* l'écaille, *f.* l'indice, *m.*
l'Allemagne, *f.* l'Italie, *f.* l'ongle, *m.* l'horloge, *f.* l'escalier, *m.* l'idole, *m.* l'armistice, *m.* l'angle, *m.* l'at-
mosphère, *f.* l'escompte, *m.* l'éclipse, *f.* l'offre, *f.*
l'isthme, *m.* l'hémisphère, *m.*

19. Le puits, *m.* les parents, *m.* le licou, *m.* Aline,
f. le bétail, *m.* le religieux, *m.* le crucifix, *m.* les jambes, *f.* les bestiaux, *m.* Marie, *f.* le prophète, *m.* la
poésie, *f.* l'alouette, *f.* l'écritoire, *f.* l'encrier, *m.* l'a-
lène, *f.* l'épée, *f.* l'hameçon, *m.* Juliette. *f.*

20. Le tribut, *s.* les plumes, *pl.* les chevreuils, *pl.*
le bois, *s.* la vengeance, *s.* les choix, *pl.* les Anglais.
pl. la flamme, *s.* le héros, *s.* les choix, *pl.* l'écho, *s,*
l'âne, *s.* les jours, *pl.* les mois, *pl.* le fusil, *s.* les ido-
les, *pl.* l'hiver, *s.* le cyprès, *s.* les astres, *pl.* les flambeaux, *pl.*

21. Les vautours, *pl.* la colombe, *s.* le lys, *s.* l'avis,
s. les tribus, *pl.* le nez, *s.* les chants, *pl.* le champ, *s.*
le procès, *s.* les lumières, *pl.* la vertu, *s.* les prières,
pl. le débris, *s.* le bruit, *s.* les hymnes, *pl.* l'esprit, *s.*
les armées, *pl.* les couteaux, *pl.*

22. Le poids, *s.* le pois, *s.* la poix, *s.* les fagots, *pl.*
les incendies, *pl.* le roi, *s.* les princes, *pl.* les Bour-
bons, *pl.* les jumeaux, *pl.* le carquois, *s.* les clous, *pl.*
les hiboux, *pl.* le rabais, *s.* les cris, *pl.* la garde, *s.* les
éventails, *pl.* le travail, *s.* la France, *s.* les Pays-Bas, *pl.*
la lampe, *s.*

1.

23. L'Amérique, *s.* les Etats-Unis, *pl.* le royaume, *s.* la noix, *s.* les genoux, *pl.* les détails, *pl.* l'émail, *s.* le bourgeois, *s.* l'hirondelle, *s.* les corbeaux, *pl.* la mère, *s.* les princes, *pl.* le bail, *s.* le bal, *s.* les baux, *pl.* les bals, *pl.* les échos, *pl.* le pot, *s.* le dépôt, *s.* le repos, *s.* le levraut, *s.*

24. Les matins, les soirs, les lumières, les nuages, les armées, les casques, les lances, les instruments, les bûchers, les paroles, les ordres, les forces, les flammes, les esprits, les ânes, les hommes, les femmes, les enfants, les jours, les nuits, les fagots, les tribus.

25. Les colombes, les filles, les chants, les vengeances, les hymnes, les défaites, les cantiques, les victoires, les bruits, les mers, les bouches, les fauteuils, les cris, les rochers, les louanges, les tranchants, les mères, les pieds, les plaies, les échos.

26. Les bois, les cœurs, les époux, les vautours, les lis, les vis, les débris, les chevreuils, les clameurs, les rabais, les choix, les carquois, les noix, les cyprès, les filets, les poids, les crucifix, les procès, les bourgeois.

27. Les fracas, les arcs, les sommets, les commis, les progrès, les bords, les rangs, les ondes, les avis, les Français, les reines, les tapis, les écureuils, les décès, les prix, les palais, les ailes, les princes, les rois, les lois, les combats.

28. Les perdrix, les rêves, les vapeurs, les puits, les progrès, les bosquets, les loquets, les ruisseaux, les levrauts, les cheveux, les œufs, les bambous, les hiboux, les essieux, les châteaux, les licous, les Indous, les pieux, les joyaux, les réchauds.

29. Les tuyaux, les Hébreux, les bouts, les cous, les étaux, les drapeaux, les écueils, les vœux, les épieux, les joujoux, les genoux, les sapajous, les anneaux, les rameaux, les bandeaux, les canaux, les soupiraux, les détails, les baux, les bals, les étaux, les sabots, les artichauts.

30. Les éventails, les vantaux, les caporaux, les régals, les choux, les bocaux, les coraux, les portails, les aïeux, les coucous, les émaux, les attirails, les carnavals, les cieux, les arsenaux, les amiraux, les yeux, les nœuds, les adieux, les cristaux, les enjeux, les métaux, les épouvantails.

31. La fleur, le soldat, l'écureuil, la tribu, la loi, le parfum, la giroflée, la rose, l'honneur, le boulanger, le hasard, la reine, le coq, l'œuf, l'apprenti, l'abbé, la poule, le cerf.

32. L'oncle, le garçon, la voisine, le duc, la duchesse, l'abeille, la chèvre, le bouc, l'Allemand, le nain, le géant, le meûnier, la fille, la tante, l'Africain, l'Arabe, l'herbe, la broderie.

33. L'accès, le Nègre, le Français, le voleur, l'histoire, le rocher, le fer, l'opéra, le pli, le procès, le choix, l'emploi, le poids, le pois, l'anchoix, le bois, le convoi, la croix, le jouet.

34. Le bloc, le dépôt, la perdrix, le héros, le bijou, l'eau, le neveu, le corps, le rhinocéros, le cyprès, le palais, le vœu, le tuyau, le débris, le carreau, l'essieu, lou, l'aïeul.

35. Le gluau, le cou, le chou, le joyau, le gueux, le bourreau, le hibou, le courroux, le bambou, l'œil, le joujou, le hou, le ciel, le genou, le bal, l'émail, le soupirail.

ARTICLE

36. Le tribut, la tribu, la maison, les chevaux, la ville, les cieux, l'eau, l'habit, la défaite, le chemin, la gloire, les lettres, la postérité, le taureau, la loi, la corne, le bec, la raison, le pied, le levraut, le lapereau, la résolution, le lion, la force, les lèvres, l'habitude.

37. Le cuivre, les abeilles, l'histoire, la lumière, la terre, les rivages, le miel, la cire, la haie, la hallebarde, l'hirondelle, l'air, la maladie, le poëte, le soldat, la poésie, la France, le sapin, les jours, les travaux, la circonstance, le mérite, les avantages, le dessein.

38. La ville, les villages, les songes, la perte, les forêts, la grandeur, le hanneton, l'habitant, les plaisirs, la province, l'harmonie, la peine, la harangue, les richesses, le harnais, la mer, le papier, le haricot, la haridelle, l'haleine, la flatterie, la poule, le poulet, l'hôtel.

39. Le héros, l'héroïne, les animaux, le jeu, le hachis, l'hyène, la tromperie, l'ami, le bien, les regrets, l'hydropisie, la hernie, les échanges, les eaux, le vin, le homard, le meurtre, les éloges, la rigueur, le hoyau, l'empire, le devoir, les leçons, la raison, l'humanité.

40. Les coups, la hache, la barbarie, la bonté, le crime, les vertus, la houille, l'herbe, les lois, les serpents, le monde, les harengs, le hochet, les pierres, les grenouilles, le canard, l'hémorragie, le hussard, le jour, l'hameçon, l'hypothèque, le hangar, les cardinaux.

41. Le hérault, le hallier, les hydres, la haire, le hibou, l'hymne, le haquet, l'hygiène, le hamac, la houppe, l'hymen, le hérisson, l'herboriste, la huche, la halle, l'huître, le haillon, le hableur, la hâblerie, l'hectare, le haricot, la haine, la hotte.

42. L'hôtellerie, la hanche, l'hébreu, la hardiesse, la Hollande, l'héritage, le houblon, l'héroïsme, la horde, le hoquet, la houe, l'horizon, l'hospice, le hâle, l'hérésie, le haras, la halte, l'habileté, la hâse, le Hanovre, le hêtre, l'herbage, le Henri, l'Hercule.

43. Le héron, la herse, la hauteur, l'heure, l'hiéroglyphe, la hure, la hie, l'honnêteté, le hoqueton, le hâvre-sac, l'horreur, la houlette, l'humeur, le hurlement, la hâte, le harpon, l'hypocrisie, la huitième, la honte, le hobereau, le hochequeue, le huguenot, la Hongrie.

ADJECTIF

44. Méchante, saine, vraie, dévouée, grande, obscure, étroite, intéressante, patiente, voisine, sûre, violente, gaie, délicate, égale, féconde, animée, ouverte, agréable, frugale, utile, ennemie, courte, nationale, noble, peinte, étonnante, inouïe, agréée.

45. Triomphante, sourde, mauvaise, jolie, laide, rare, commune, ruinée, pleine, blonde, certaine, brune, verte, négligente, claire, incivile, pure, grise, lointaine, bleue, virile, rase, innocente, encline, instruite, tortue, infecte.

46. Profonde, dure, épaisse, plurielle, mûre, nouvelle, évidente, nette, complète, fière, blanche, grecque, attentive, pieuse, vermeille, coquette, discrète, mortelle, boiteuse, riche, grasse, féconde, inquiète, capricieuse, répressive, paternelle, franche, longue, turque.

47. Sauve, favorite, publique, prétentieuse, maligne, railleuse, réformatrice, vieille, nouvelle, miraculeuse, caduque, bénigne, douillette, sujette, moqueuse, vieillotte, friponne, coquine, excessive, présomptueuse, douce, neuve, particulière, mutuelle.

48. Cramoisie, locale, active, douteuse, basse, corporelle, jumelle, première, replète, sotte, muette, confuse, fausse, épaisse, niaise, pareille, hideuse, rousse, majeure, veuve, gloutonne, fraîche, ancienne, incertaine, molle, secrète, récréée.

49. Jalouse, folle, pêcheuse, pécheresse, singulière, friande, diverse, sèche, inférieure, lasse, naturelle, proprette, menteuse, meilleure, persécutrice, amère, heureuse, vénielle, basse, close, rongeuse, patronne, espagnole, étrangère, exempte.

50. Délicat, mutuel, turc, profond, méchant, actif, jaloux, particulier, long, capricieux, mortel, fol, fou, sourd, sain, étrange, secret, corporel, excessif, sujet, nouvel, nouveau, malin, favori.

51. Répressif, boiteux, évident, dur, inouï, agréé, court, sûr, vrai, exempt, bas, persécuteur, propret, expert, pécheur, veuf, glouton, pareil, niais, muet, confus, jumeau, clos.

52. Doux, présomptueux, moqueur, caduc, réforma-

teur, paternel, peureuse, attentif, net, épais, enclin,
instruit, incivil, gentil, gris, brun, vert, divers, noble,
peint, gai, étroit, dévoué.

53. Patron, rongeur, amer, meilleur, sec, ancien,
incertain, pêcheur, diffus, premier, inférieur, véniel,
riche, replet, fripon, vieillot, paysan, bénin, railleur,
prétentieux, franc, gras.

54. Public, long, sauf, tortu, lointain, agréable,
certain, ras, blond, commun, clair, égal, fécond,
espagnol, heureux, trompeur, inférieur, grec, mou,
frais, roux, concret, faux, vermeil.

55. Vains, fiers, cruels, ambitieux, fous, verts,
riches, charmants, précieuses, menteurs, nouveaux,
turcs, grecques, doux, nets, gras, grasses, égaux, bleus,
petits, querelleuses, insolents, pareils, pareilles, moraux, injustes, jumeaux.

56. Epais, capitaux, exclusifs, belles, beaux, royaux,
impériales, brèves, frais, tous, francs, publics, publiques, locaux, légales, mous, grecs, hébreux, complets,
.....loyaux, verbaux.

57. Trompeurs, roux, sociaux, totales, ... fon-
damentaux, cérébraux, ... grammaticaux, rivaux,
..... municipaux, ... coloniaux, cordiaux, légaux,
..... vicinaux, végétaux, ruraux, ... radicaux.....

58. Mon jeu, ton ami, son bien, ton héroïne, ce héros, cette hyène, leurs hoyaux, mes raisons, ce raisin,
ses coups, ta fièvre, leurs crimes, nos vertus, ses richesses, ce hussard, leur hangar, mes flèches, ton arc, son

armure, leurs histoires, cette huître, cet alcôve, mon désir.

59. Ton espérance, ce hérisson, mon escalier, leur bétail, vos bestiaux, ses jambes, nos tromperies, son hydropisie, ces homards, ton empire, sa hache, ces serpents, leurs frères, leur sœur, nos jours, ta haire, ce hère, notre herboriste, votre haillon, leurs animaux.

60. Ce haricot, cet ami, nos échanges, son devoir, ta barbarie, leurs harengs, ton hibou, mes étrennes, vos halles, ses hochets, nos regrets, cette herbe, leur hypothèque, ton hymen, ce hallier, mes parents, ta haine, sa hotte, son hémorragie, leur hâblerie, leurs coffres.

61. Mon hameçon, cette herse, son hôtel, ta horde, vos herbages, ses anges, ces hiéroglyphes, leurs hurlements, mon hôtellerie, sa banche, cette hérésie, nos harpons, vos loisirs, ton hochequeue, sa hure, mes livres, ses hêtres, son ambition, ce hallier, vos couteaux, mes pipeaux.

61 *bis*. Cette horloge, cet horloger, ta harpe, nos hardes, leur butin, sa maladie, vos filles, mon recueil, cet outrage, ta chaîne, vos chênes, cette ornière, son légume, leur ouvrage, tes angoisses, votre emploi, nos honneurs, nos dignités, mon hamac, leurs bijoux, ces hirondelles.

62. Notre habitude, leurs merveilles, cet article, vos affaires, ton étui, nos adieux, cet intervalle, ce Hongrois, mes abeilles, leur étude, son humanité, tes prunes, cet hôpital, mon écuelle, ce hérisson, nos maisons,

leurs bouquets, ce charriot, vos hostilités, **mes che-**
veux.

62 *bis.* Cette hostie, leur vaisselle, son hochet, **ta hui-**
taine, nos habits, leurs chapeaux, ce Hollandais, **mes**
tuiles, sa haire, mon sel, ta selle, cet hiatus, cet héroïsme,
leurs dés, sa hache, votre intention, notre hommage, ce
hanneton, mon habitation, ta hardiesse, sa houlette,
leurs hallebardes, leur garçon.

63. Un homme sensé ; une femme sensée. Un soldat
brave; une armée brave. Le pied blessé ; la main blessée.
Le livre ouvert; la porte ouverte. Le cheval vigoureux;
les chevaux vigoureux. L'habit noir ; la cravatte noire;
les habits noirs; les cravattes noires. Le poil roux ; la
chevelure rousse. Un bal gai ; une réunion gaie.

63 *bis.* Le maître instruit, patient; la maîtresse instruite, patiente ; les maîtres instruits, patients ; les maî-
tresses instruites, patientes. Le cuir dur, épais ; la peau
dure, épaisse ; les cuirs durs, épais ; les peaux dures,
épaisses. Le sentier tortueux, étroit ; la rue tortueuse,
étroite; les sentiers tortueux, étroits ; les rues tortueuses,
étroites. Le terrain bas, marécageux ; la plaine basse,
marécageuse ; les terrains bas, marécageux ; les plaines
basses, marécageuses.

64. Le bœuf gros, gras, roux ; la génisse grosse,
grasse, rousse ; les bœufs gros, gras, roux ; les génis-
ses grosses, grasses, rousses. L'écolier attentif, appli-
qué, curieux ; l'écolière attentive, appliquée, curieuse ;
les écoliers attentifs, appliqués, curieux ; les écolières
attentives, appliquées, curieuses. L'habit long, gris ; la
robe longue, grise ; les habits longs, gris ; les robes lon-

gues, grises. Le mot nouveau, faux ; l'expression nouvelle, fausse ; les mots nouveaux, faux ; les expressions
nouvelles, fausses.

65. L'ouvrier mou, paresseux ; l'ouvrière molle, pa-
resseuse ; les ouvriers mous, paresseux ; les ouvrières
molles, paresseuses. Le drap bleu, épais ; l'étoffe bleue,
épaisse ; les draps bleus, épais ; les étoffes bleues, épaisses. Un caractère franc, original, un peu vif ; une humeur franche, originale, un peu vive ; des caractères
francs, originaux, un peu vifs ; des humeurs franches,
originales, un peu vives. Le bonnet grec ou turc ; la
coiffure grecque ou turque ; les bonnets grecs ou turcs :
les coiffures grecques ou turques.

66. L'homme fou, muet, maladif ; la femme folle,
muette, maladive ; les hommes fous, muets, maladifs ;
les femmes folles, muettes, maladives. Le frère jumeau,
vindicatif ; la sœur jumelle, vindicative ; les frères jumeaux, vindicatifs ; les sœurs jumelles, vindicatives.
Le conte moral, récréatif ; la fable morale, récréative ;
les contes moraux, récréatifs ; les fables morales, récréa-
tives. Le revenu local, communal ; la recette locale,
communale ; les revenus locaux, communaux ; les recettes locales, communales.

67. L'entretien doux, flatteur, protecteur ; la parole
douce, flatteuse, protectrice ; les entretiens doux, flat-
teurs, protecteurs ; les paroles douces, flatteuses, pro-
tectrices. Le valet inquiet, discret, sot, muet ; la servante inquiète, discrète, sotte, muette ; les valets inquiets,
discrets, sots, muets ; les servantes inquiètes, discrètes,
sottes, muettes. Le combat meurtrier, mortel ; la bataille
meurtrière, mortelle ; les combats meurtriers, mortels ; les

batailles meurtrières, mortelles. Le compte net, régulier, annuel; la recette nette, régulière, annuelle; les comptes nets, réguliers, annuels; les recettes nettes, régulières, annuelles.

68. L'ami léger, indiscret, naïf; l'amie légère, indiscrète, naïve; les amis légers, indiscrets, naïfs; les amies légères, indiscrètes, naïves. L'habit neuf, beau; la robe neuve, belle; les habits neufs, beaux; les robes neuves, belles. Le peuple païen, immoral; la nation païenne, immorale; les peuples païens, immoraux; les nations païennes immorales. Le loup carnassier, glouton, cruel; la louve carnassière, gloutonne, cruelle; les loups carnassiers, gloutons, cruels; les louves carnassières, gloutonnes, cruelles. Le coup profond, mortel; la blessure profonde, mortelle; les coups profonds, mortels; les blessures profondes, mortelles.

69. Le discours malin; la pensée maligne; le regard et l'air malins. Le vieux bois; le vieil habit, la vieille maison; les vieux amis. Le soldat turc; les chiens turcs; les armées turques. Le bruit confus; la foule confuse. Le fils muet; la fille muette. Le serviteur discret; la servante discrète. Un terrain sec; les branches sèches; des rameaux secs. Le ton bref; la voix brève; les phrases brèves.

70. Le criminel absous; l'accusée absoute. L'homme pécheur; la femme pécheresse. Le mot grossier; la parole grossière; les propos grossiers. Le soldat brutal; la foule brutale; les discours brutaux; les expressions brutales. Le parlement dissous; l'assemblée dissoute. Le légume frais; la viande fraîche; les nuits fraîches. L'âge caduc; la santé caduque. Le chant joyeux; la chanson joyeuse, les voix joyeuses; les discours joyeux.

71. Le terrain mou; la poire molle; le mol édredon; les efforts mous. Le drap pareil ; l'étoffe pareille; le livre et le cahier pareils; la maison et la ferme pareilles. Le succès nul, l'espérance nulle; l'esprit et le jugement nuls; la raison et la mémoire nulles. Le nouveau mois; le nouvel an; la nouvelle année; les fruits nouveaux. Le délai légal; la mesure légale; les moyens légaux; les prescriptions légales.

72. Le récit bref, moral, instructif; l'historiette brève, morale, instructive; les récits brefs, moraux, instructifs; les historiettes brèves, morales, instructives. Le poil ras, épais; la laine rase, épaisse; les poils ras, épais; les laines rases, épaisses. Le journal étranger, inexact, calomniateur; la gazette étrangère, inexacte, calomniatrice; les journaux étrangers, inexacts, calomniateurs; les gazettes étrangères, inexactes, calomniatrices. Le fait public, avéré, certain; l'aventure publique, avérée, certaine; les faits publics, avérés, certains; les aventures publiques, avérées, certaines. Le mal aigu, prompt ; la douleur aiguë, prompte; les maux aigus, prompts; les douleurs aiguës, promptes.

73. L'héritage ancien, paternel; la propriété ancienne, paternelle; les héritages anciens, paternels; les maisons anciennes, paternelles. Le petit garçon mignon, gentil; la petite fille mignonne, gentille; les petits garçons mignons, gentils; les petites filles mignonnes, gentilles. Le logement bas, obscur, malsain; l'habitation basse, obscure, malsaine; les logements bas, obscurs, malsains; les habitations basses, obscures, malsaines. Le fruit bon, mûr; la poire bonne, mûre; les fruits bons, mûrs; les poires bonnes, mûres. Le contrat formel,

irrégulier, nul; la transaction formelle, irrégulière, nulle, les contrats formels, irréguliers, nuls; les transactions formelles, irrégulières, nulles.

74. Le pas tardif, mesuré, sûr; la mesure tardive, mesurée, sûre; les pas tardifs, mesurés, sûrs; les mesures tardives, mesurées, sûres. Le discours faux, trompeur; la promesse fausse, trompeuse; les discours faux, trompeurs; les promesses fausses, trompeuses. Le portier vieillot, caduc, maladif; la portière vieillotte, caduque, maladive; les portiers vieillots, caducs, maladifs; les portières vieillottes, caduques, maladives. Le muscle moteur, la force motrice. L'écolier joueur, causeur, accusateur; l'écolière joueuse, causeuse, accusatrice; les écoliers joueurs, causeurs, accusateurs; les écolières joueuses, causeuses, accusatrices.

75. Le coq noir, la poule noire; le coq et la poule noirs. Le raisin vermeil; la cerise vermeille; le bouton et la rose vermeils. L'établissement municipal; l'institution municipale; les revenus municipaux, le réglement et la loi municipaux. Le frère jumeau; la sœur jumelle; le fils et la fille jumeaux. Le meuble ancien; les mœurs anciennes; les lois et les usages anciens. L'oiseau passager; l'hirondelle passagère; les maux et les douleurs passagers.

76. Le bois sec; la feuille et la branche sèches; les fruits et les provisions secs. Le chemin public; le palais et la maison publics; le bien et le revenu publics. Le conte moral; la leçon, l'avis et l'histoire moraux. Le succès complet; la victoire complète; le magasin et la chambre complets. L'intérêt majeur; la force majeure;

l'événement et la cause majeurs. Le projet sot; l'entreprise sotte; le mot et la phrase sots.

77. Le froid vif; la chaleur vive; le chagrin et la douleur vifs; la reconnaissance et l'amitié vives. Le domaine national; la propriété nationale; les biens nationaux; le caractère et l'esprit nationaux. Le bras long, la jambe longue; le chemin et le voyage longs; la promenade et la course longues. Le côté oriental; la partie orientale; les peuples orientaux. Le poil ras; l'étoffe rase; la tête et la barbe rases.

78. Le frère mineur; la sœur mineure; les enfants mineurs. L'élève attentif; la classe attentive; les personnes attentives. L'oiseau léger; la plume légère; les fardeaux légers. Un fruit mûr; une cerise mûre; les pommes mûres. Le peuple grec; la nation grecque; les monuments grecs; les lois grecques. L'habit et le pantalon bleus; la veste et la cravatte bleues.

79. Le drap pareil; l'étoffe pareille; les vêtements pareils; les toiles pareilles. Le caractère franc; l'humeur franche; les avis francs; les paroles franches. Le pain et le vin frais; la viande et l'eau fraîches. Le papier blanc, la toile blanche; le bois et le marbre blancs; la plume et l'écharpe blanches.

80. Le caractère égal; l'humeur égale; les droits égaux; les mesures égales. L'éclat doux, la lumière douce; des sons doux; des voix douces. L'ouvrage complet; l'histoire complète; le livre et le dictionnaire complets; la perte et la ruine complètes. Le beau présent, le bel arbre; la belle armée; les beaux fruits; les beaux orangers; les belles prunes; le jardin et le vallon sont beaux; la matinée et la soirée sont belles.

81. Le bas blanc, sec; la chemise blanche, sèche; les bas blancs, secs; les chemises blanches sèches. Le coupable contrit, absous; la coupable contrite, absoute; les coupables contrits, absous. Le lis beau, frais; la rose belle, fraîche; les lis beaux, frais; les roses belles, fraîches. Le mur mitoyen, blanc; la muraille mitoyenne, blanche; les murs mitoyens, blancs; les murailles mitoyennes, blanches. Le légume sain, frais, nourrissant; la viande saine, fraîche, nourrissante; les légumes sains, frais, nourrissants; les viandes saines, fraîches, nourrissantes.

82. Le propos ambigu, insidieux; la parole ambiguë, insidieuse; les propos ambigus, insidieux; les paroles ambiguës, insidieuses. Le concours agricole, industriel, quinquennal; l'exposition agricole, industrielle, quinquennale; les concours agricoles, industriels, quinquennaux; les expositions agricoles, industrielles, quinquennales. Le poil long, roux; la chevelure longue, rousse; les poils longs, roux; les chevelures longues, rousses. L'ouvrage choisi, favori, compris; la lecture choisie, favorite, comprise; les ouvrages choisis, favoris, compris; les lectures choisies, favorites, comprises.

83. Le cousin naïf; la sœur et la cousine naïves. Le chat favori; la chienne favorite; le livre et la lecture favoris. L'asile secret; la maison et le réduit secrets. Le vent doux; la pluie douce; le temps et la chaleur doux. Le projet fou; le fol amour; la folle amitié; les inclinations et les sentiments fous. Le teint frais et vermeil: les joues et les lèvres fraîches et vermeilles.

PRONOMS PERSONNELS

84. Il blâmait moi. Tu blesses moi. Je flatte moi. Vous nuisez à moi. Ils caressent moi. Le médecin a guéri moi. Vous accorderez à moi une permission. Sa lettre a réjoui moi. On consolerait moi. J'ai rendu moi. Vous êtes recommandé à moi. Nous avons vanté nous. Nous avons plu à nous. Ils sont promis à nous. Le maître a loué nous, il a récompensé nous et a fait un présent à nous. Il a parlé à moi et a félicité moi. Votre arrivée a causé à moi de la joie.

85. J'ai dit la vérité à toi. Nous recevrons toi. On approuvera toi. On défie vous. Vous trompez vous. Ils répondront à vous. Ton père, qui chérit toi, recommande à toi la sagesse ; ton voisin, qui n'aime pas toi, pousse toi au mal. Vous rappelez à vous ma visite. Messieurs, on a estimé vous. Mon enfant, je défends à vous le mensonge, et je punirais vous. Cela doit suffire à toi. Ils vaincront toi. Vous attirerez de la peine à vous.

86. Ma sœur a rencontré lui et a parlé à lui. On jugera eux et on parlera à eux. Avouez à eux votre faute. Suppliez lui. Nous avons dit à eux de partir. J'ai prédit à lui qu'il arriverait à lui de grands malheurs. Les impertinences qu'ils répondaient à eux prouvent leur manque d'éducation. Ta domestique est tombée ; j'ai relevé elle, et j'ai donné à elle les premiers soins ; cherche à elle un médecin ; tu rendras service à elle en faisant remplacer elle.

87. Les ennemis défendirent soi longtemps ; ils ont enfin rendu eux, mais ils livraient eux au désespoir.

Mon frère donnera de la peine à lui. On abusait soi. On confie soi souvent à des indiscrets. Ces personnes confiaient à elles toutes leurs pensées. La Gaule soumit elle, lorsqu'elle vit elle hors d'état de résister. Les coupables ont trahi eux et ont livré eux au juge. Mes amis ont écrit à eux des lettres et ont répondu exactement à eux.

88. J'aime cet enfant, et je suis aimé de lui. Appliquez-vous à vos devoirs, et donnez à eux toute votre attention. Cette affaire est délicate, le succès d'elle est douteux ; si vous mettez à elle de l'activité, vous retirerez d'elle un grand avantage. C'est un triste événement, je suis fort affligé de cela, mais je ne puis rien à cela. Prêtez à moi cela, j'ai besoin de cela, et j'attache à cela un grand prix. Votre raison est bonne, je me rends à elle. Je connaissais vos amis ; je me suis défié d'eux et j'ai eu du regret de cela.

89. Le livre qui est tombé à moi sous la main a intéressé moi, quoique j'eusse déjà lu lui. Ils voulaient éviter eux ; mais ils ont rencontré eux. J'ai enseigné à toi les moyens de tirer toi d'embarras, mais tu n'as pas su profiter d'eux.

90. A-t-on dit à toi que tu avais trompé toi, comme tu aurais dû prévoir cela ? A-t-il averti vous qu'on résisterait à vous ? As-tu douté toi de ce que je réservais à toi ? Elle informera nous de ce qui sera arrivé à elle.

91. Celui qui a reçu des services doit se souvenir d'eux, celui qui a rendu eux doit oublier eux. Il est pénible à moi de raconter à vous des malheurs que votre imprudence a attirés à moi. Quoique nos amis aient prié nous de cela, nous ne répondrons pas à eux.

92. Cette mère pleure l'absence de ses fils ; elle ne sent elle heureuse que quand elle parle d'eux ; elle donne à eux toutes ses pensées. Quiconque a goûté le charme de l'étude attache soi à elle pour ne plus séparer soi d'elle.

VERBES

93. Je montre, s. 1re pers. prés. ind. 1re conj.

Tu bâtiras, s. 2e pers. fut. ind. 2e conj.

Vous deviez, pl. 2e pers. imparf. ind. 3e conj.

Nous vendrions, pl. 1re pers. prés. cond. 4e conj.

Il a loué, s. 3e pers. passé indéf. ind. 1re conj.

Vous eûtes averti, pl. 2e pers. passé ant. ind. 2e conj.

Je concevrais, s. 1re pers. prés. cond. 3e conj.

Tu as répondu, s. 2e pers. passé indéf. 4e conj.

Ils auront parlé, pl. 3e pers. fut. passé, ind. 1re conj.

Nous aperçûmes, pl. 1re pers. passé déf. ind. 3e conj.

Il ensevelissait, s. 3e pers. imparf. ind. 2e conj.

Tu croiras, s. 2e pers. fut. ind. 4e conj.

94. Il aurait averti, s. 3e pers. passé cond. 2e conj.

Je louais, s. 1re pers. imparf. ind. 1re conj.

Nous concevrons, pl. 1re pers. fut. ind. 3e conj.

Vous vendîtes, pl. 2e pers. passé déf. ind. 4e conj.

Tu répondras, s. 2e pers. fut. ind. 4e conj.

Ils auraient dû, pl. 3e pers. passé condit. 3e conj.

Tu croirais, s. 2e pers. prés. condit. 4e conj.

Ils eurent aperçu, pl. 3e pers. passé anté. ind. 3e conj.

Nous bâtissons, pl. 1re pers. prés. ind. 2e conj.

J'ai enseveli, s. 1re pers. passé indéf. ind. 2e conj.

Il montra, s. 3° pers. passé déf. ind. 1™ conj.

Vous parlez, pl. 2° pers. prés. ind. 1™ conj.

95. Nous croirions, pl. 1™ pers. prés. cond. 4° conj.

Ils aperçoivent, pl. 3° pers. prés. ind. 3° conj.

Tu ensevelissais, s. 2° pers. imparf. ind. 2° conj.

Il parlera, s. 3° pers. fut. ind. 1™ conj.

Je répondis, s. 1™ pers. passé déf. ind. 4° conj.

Tu aurais conçu, s. 2° pers. passé condit. 3° conj.

Vous avertissiez, pl. 2° pers. imparf. ind. 2° conj.

Nous louons, pl. 1™ pers. prés. ind. 1™ conj.

Tu avais vendu, s. 2° pers. p.-q.-p. ind. 4° conj.

Elle devait, s. 3° pers. imparf. ind. 3° conj.

Tu bâtis, s. 2° pers. passé déf. ind. 2° conj.

Nous montrerons, pl. 1™ pers. fut. ind. 1™ conj.

96. Elles ont vendu, pl. 3° pers. passé indéf. ind. 4° conj.

Tu montras, s. 2° pers. passé déf. ind. 1™ conj.

Vous bâtirez, pl. 2° pers. fut. ind. 2° conj.

Ils devaient, pl. 3° pers. imparf. ind. 3° conj.

Nous louerions, pl. 1™ pers. prés. condit. 1™ conj.

Il avertissait, s. 3° pers. imparf. ind. 2° conj.

J'aurais conçu, s. 1™ pers. passé condit. 3° conj.

Tu auras répondu, s. 2° pers. fut. passé, ind. 4° conj.

Nous eûmes parlé, pl. 1™ pers. passé anté. ind. 1™ conj.

Il eût enseveli, s. 3° pers. passé cond. 2° conj.

Vous avez aperçu, pl. 2° pers. passé indéf. ind. 3° conj.

Ils croyaient, pl. 3° pers. imparf. ind. 4° conj.

97. Nous eussions montré, pl. 1™ pers. passé condit. 1™ conj.

Elle aura dû, s. 3° pers. fut. passé, ind. 3° conj.

Tu as loué, s. 2° pers. passé indéf. ind. 1™ conj.

Je conçus, s. 1re pers. passé déf. ind. 3e conj.

Tu parlais, s. 2e pers. imparf. ind. 1re conj.

Nous apercevrons, pl. 1re pers. fut. ind. 3e conj.

Il bâtira, s. 3e pers. fut. ind. 2e conj.

Vous vendiez, pl. 2e pers. imparf. ind. 4e conj.

Elles eussent averti, pl. 3e pers. passé condit. 2e conj.

Je répondis, s. 1re pers. passé indéf. ind. 4e conj.

Nous ensevelissions, pl. 1re pers. imparf. ind. 2e conj.

Vous crûtes, pl. 2e pers. passé déf. ind. 4e conj.

98. Vous aviez bâti, pl. 2e pers. p.-q.-p. ind. 2e conj.

Elle vendrait, s. 3e pers. prés. condit. 4e conj.

... avertira, s. 3e pers. fut. ind. 2e conj.

Nous répondrons, pl. 1re pers. fut. ind. 4e conj.

Il eut enseveli, s. 3e pers. passé anté. ind. 2e conj.

Il eût cru, s. 3e pers. passé cond. 4e conj.

Tu montrais, s. 2e pers. imparf. ind. 1re conj.

Je devais, s. 1re pers. imparf. ind. 3e conj.

Vous avez loué, pl. 2e pers. passé indéf. ind. 1re conj.

... concevra, s. 3e pers. fut. ind. 3e conj.

Nous parlons, pl. 1re pers. prés. ind. 1re conj.

Tu apercevais, s. 2e pers. imparf. ind. 3e conj.

99. Tu avais montré, s. 2e pers. p.-q.-p. ind. 1re conj.

Il aura bâti, s. 3e pers. fut. passé, ind. 2e conj.

Vous devrez, pl. 2e pers. fut. ind. 3e conj.

Je vendis, s. 1re pers. passé déf. ind. 4e conj.

Nous louons, pl. 1re pers. prés. ind. 1re conj.

Ils avertirent, pl. 3e pers. passé déf. ind. 2e conj.

Je concevais, s. 1re pers. imparf. ind. 3e conj.

Elle eut répondu, 3e pers. passé anté. ind. 3e conj.

Ils auraient parlé, pl. 3e pers. passé condit. 1re conj.

Tu enseveliras, s. 2ᵉ pers. fut. ind. 2ᵉ conj.

Nous apercevions, pl. 1ʳᵉ pers. imparf. ind. 3ᵉ conj.

Ils avaient cru, pl. 3ᵉ pers. p.-q.-p. ind. 4ᵉ conj.

100. Ils répondaient, pl. 3ᵉ pers. imparf. ind. 4ᵉ conj.

Vous croyiez, pl. 2ᵉ pers. imparf. ind. 4ᵉ conj.

Ils parlent, pl. 3ᵉ pers. prés. ind. 1ʳᵉ conj.

Tu avais aperçu, s. 2ᵉ pers. p.-q.-p. ind. 3ᵉ conj.

Ils ensevelissent, pl. 3ᵉ pers. prés. ind. 2ᵉ conj.

Nous concevons, pl. 1ʳᵉ pers. prés. ind. 3ᵉ conj.

J'eus averti, s. 1ʳᵉ pers. passé anté. ind. 2ᵉ conj.

J'eusse loué, s. 1ᵉʳ pers. passé condit. 1ʳᵉ conj.

Tu montres, s. 2ᵉ pers. prés. ind. 1ʳᵉ conj.

Il aura bâti, s. 3ᵉ pers. fut. passé, ind. 2ᵉ conj.

... doit, s. 3ᵉ pers. prés. ind. 3ᵉ conj.

Nous vendons, pl. 1ʳᵉ pers. prés. ind. 4ᵉ conj.

101. Nous bâtissons, pl. 1ʳᵉ pers. prés. ind. 2ᵉ conj.

Bâtissons, pl. 1ʳᵉ pers. impér. 2ᵉ conj.

Que je doive, s. 1ᵉʳ pers. prés. subj. 3ᵉ conj.

Tu aurais dû, s. 2ᵉ pers. passé condit. 3ᵉ conj.

Qu'on vende, s. 3ᵉ pers. prés. subj. 4ᵉ conj.

Vous eussiez loué, pl. 2ᵉ pers. passé condit. 1ʳᵉ conj.

Vous conçûtes, pl. 2ᵉ pers. passé déf. ind. 3ᵉ conj.

Avertissez, pl. 2ᵉ pers. impér. 2ᵉ conj.

Que vous répondiez, pl. 2ᵉ pers. prés. subj. 4ᵉ conj.

Nous parlerons, pl. 1ʳᵉ pers. fut. ind. 1ʳᵉ conj.

Ensevelis, s. 2ᵉ pers. impér. 2ᵉ conj.

Que tu aperçoives, s. 2ᵉ pers. prés. subj. 3ᵉ conj.

Croyons, pl. 1ʳᵉ pers. impér. 4ᵉ conj.

102. Il avertira, s. 3ᵉ pers. fut. ind. 2ᵉ conj.

Répondez, pl. 2ᵉ pers. impérat. 4ᵉ conj.

Il crut, s. 3ᵉ pers. passé déf. ind. 4ᵉ conj.

Qu'il crût, s. 3ᵉ pers. imparf. subj. 4ᵉ conj.

Nous louerons, pl. 1ʳᵉ pers. fut. ind. 1ʳᵉ conj.

Vous aperçûtes, pl. 2ᵉ pers. passé déf. ind. 3ᵉ conj.

Qu'il ensevelisse, s. 3ᵉ pers. prés. subj. 2ᵉ conj.

Il eut vendu, s. 3ᵉ pers. passé anté. ind. 4ᵉ conj.

Il eût vendu, s. 3ᵉ pers. passé condit. 4ᵉ conj.

J'aurais dû, s. 1ʳᵉ pers. passé condit. 3ᵉ conj.

Vous aviez parlé, pl. 2ᵉ pers. p.-q.-p. ind. 1ʳᵉ conj.

Nous avertissons, pl. 1ʳᵉ pers. prés. ind. 2ᵉ conj.

103. J'aurais noirci, s. 1ʳᵉ pers. passé condit. 2ᵉ conj.

Que tu conçusses, s. 2ᵉ pers. imparf. subj. 3ᵉ conj.

Qu'il attende, s. 3ᵉ pers. prés. subj. 4ᵉ conj.

Vous chanterez, pl. 2ᵉ pers. fut. ind. 1ʳᵉ conj.

Ils ont mangé, pl. 3ᵉ pers. passé indéf. ind. 1ʳᵉ conj.

Prends, s. 2ᵉ pers. impératif. 4ᵉ conj.

Qu'ils choisissent, pl. 3ᵉ pers. prés. subj. 2ᵉ conj.

Tu rejetas, s. 2ᵉ pers. passé déf. ind. 1ʳᵉ conj.

Il eût pensé, s. 3ᵉ pers. passé condit. 1ʳᵉ conj.

Il eut pensé, s. 3ᵉ pers. passé anté. ind. 1ʳᵉ conj.

Il dormit, s. 3ᵉ pers. passé déf. ind. 2ᵉ conj.

Qu'il dormît, s. 3ᵉ pers. imparf. subj. 2ᵉ conj.

Bâti, s. masculin, passé, participe. 2ᵉ conj.

104. Payons, pl. 1ᵉʳ pers. impér. 1ʳᵉ conj.

Que tu aperçusses, s. 2ᵉ pers. imparf. subj. 3ᵉ conj.

Que l'enfant donne, s. 3ᵉ pers. prés. subj. 1ʳᵉ conj.

Vous répondîtes, pl. 2ᵉ pers. passé déf. ind. 4ᵉ conj.

Je sentirais, s. 1ʳᵉ pers. prés. condit. 2ᵉ conj.

Qu'ils essuyassent, pl. 3ᵉ pers. imparf. subj. 1ʳᵉ conj.

Déliez, pl. 2ᵉ pers. impér. 1ᵉʳ conj.

Il établit, $\begin{cases} \text{s. 3}^e \text{ pers. prés. indicatif.} \\ \text{s. 3}^e \text{ pers. passé. déf. ind.} \end{cases} \Big\}$ 2ᵉ conj.

Qu'il établît, s. 3ᵉ pers. imparf. subj. 2ᵉ conj.

Que vous corrigiez, pl. 2ᵉ pers. prés. subj. 1ʳᵉ conj.

Que tu aies vu, s. 2ᵉ pers. passé subj. 3ᵉ conj.

Devoir menacer, fut. infinit. 1ʳᵉ conj.

Répandue, s. féminin, passé, participe, 4ᵉ conj.

105. Que nous ayons voulu, pl. 1ʳᵉ pers. passé subj. 3ᵉ conj.

Tu aurais dormi, s. 2ᵉ pers. passé condit. 2ᵉ conj.

Il a occupé, s. 3ᵉ pers. passé indéf. 1ʳᵉ conj.

Vous lierez, pl. 2ᵉ pers. fut. ind. 1ʳᵉ conj.

Qu'on prédise, s. 3ᵉ pers. prés. subj. 4ᵉ conj.

Avoir réuni, passé infinit. 2ᵉ conj.

Que j'eusse lu, s. 1ʳᵉ pers. p.-q.-p. subj. 4ᵉ conj.

Il éleva, s. 3ᵉ pers. passé déf. 1ʳᵉ conj.

Qu'il élevât, s. 3ᵉ pers. imparf. subj. 1ʳᵉ conj.

Qu'ils aient vendu, pl. 3ᵉ pers. passé subj. 4ᵉ conj.

Qu'ils eussent nié, pl. 3ᵉ pers. p.-q.-p. subj. 1ʳᵉ conj.

Prenant, prés. participe, 4ᵉ conj.

Ayant lu, passé, participe, 4ᵉ conj.

106. J'eusse averti, s. 1ʳᵉ pers. passé, condit. 2ᵉ conj.

Que j'eusse ébloui, s. 1ʳᵉ pers. p.-q.-p. subj. 2ᵉ conj.

Imitons, pl. 1ʳᵉ pers. impér. 1ʳᵉ conj.

Avoir perdu, passé infinit. 4ᵉ conj.

Nous eûmes tendu, pl. 1ʳᵉ pers. passé anté. 4ᵉ conj.

Réunies, pl. féminin, passé, participe, 2ᵉ conj.

Fondus, pl. masculin, passé, participe, 4ᵉ conj.

Vous aurez oublié, pl. 2ᵉ pers. fut. passé ind. 1ʳᵉ conj.

Ayant compris, passé, participe, 4ᵉ conj.

Avoir fermé, passé infinit. 1re conj.

Fondre, prés. infinit. 4e conj.

Que vous tondissiez, pl. 2e pers. imparf. subj. 4e conj.

Qu'il promît, s. 3e pers. imparf. subj. 4e conj.

Lis, s. 2e pers. impér. 4e conj.

107. Que vous avouiez, pl. 2e pers. prés. subj. 1re conj.

Louc, s. 2e pers. impér. 1re conj.

Avoir peint, passé, infinit. 4e conj.

Que l'*élève* écoute, s. 3e pers. prés. subj. 1re conj.

Ecoutés, pl. masculin, passé, participe, 1re conj.

Qu'il écoutât, s. 3e pers. imparf. subj. 1re conj.

Que vous ayez moulu, pl. 2e pers. passé subj. 4e conj.

Que nous croyions, pl. 1re pers. prés. subj. 4e conj.

Nous essuyions, pl. 2e pers. imparf. ind. 1re conj.

Fondant, prés. participe, 4e conj.

Mets, s. 2e pers. impér. 4e conj.

Qu'il fasse, s. 3e pers. prés. subj. 4e conj.

Ayant coulé, passé, participe, 1re conj.

108. Que nous unissions, $\begin{cases} \text{pl. 1}^{re}\text{ pers. prés. subj.} \\ \text{2}^e\text{ conj.} \\ \text{pl. 1}^{re}\text{ pers. imparf. subj.} \\ \text{2}^e\text{ conj.} \end{cases}$

Vous aviez appuyé, pl. 2e pers. p.-q.-p. ind. 2e conj.

Qu'ils cussent rempli, pl. 3e pers. p.-q.-p. subj. 2e conj.

Remplissant, prés. participe, 2e conj.

Avoir précédé, passé, infinit. 1re conj.

Qu'ils attendissent, pl. 3e pers. imparf. subj. 4e conj.

Mettez, pl. 2e pers. impér. 4e conj.

Qu'on parle, s. 3e pers. prés. subj. 1re conj.

Lue, s. féminin, passé, participe, 2e conj.

Qu'il eût surpris, s. 3e pers. p.-q.-p. subj. 4e conj.

Devoir avertir, fut. infinit. 2ᵉ conj.

Délie, s. 2ᵉ pers. impér. 1ʳᵉ conj.

Entreprenons, pl. 1ʳᵉ pers. impér. 4ᵉ conj.

109. Montre, traînons, chantez, dédaigne, fatiguons, louez; supporte, commandons, appelez, crie, tuons, parlez.

110. Bâtis, choisissez, noircis, sentons, bondissez, nourrissons, fuyez, mourons, tressaillez, avertis, guérissons, ensevelissez.

111. Dois, concevons, apercevez, vois, mouvons, valez, sursois, percevons, revoyez, pourvois, assoyons, émouvez.

112. Prends, mettons, battez, vends, répandons, buvez, comparais, plaignons, plaisez, nuis, faisons, écrivez.

113. Que je livrasse, que je ravisse, que je dusse, que je tondisse, que je racontasse, que je fournisse, que je conçusse, que je rompisse, que j'osasse, que je remplisse, que je pourvusse, que je mordisse.

114. Que je parlasse, que je grandisse, que je décrusse, que j'attendisse, que je déployasse, que je naquisse, que j'écrivisse, que je haïsse, que je satisfisse, que je continsse.

115. Que je pusse, que je moulusse, que je cousisse, que je visse, que je disse, que je plaignisse, que je valusse, que je mourusse, que je revêtisse, que je crusse, que j'émusse,

115 bis. Que je bouillisse, que je fondisse, que je

fondasse, que je prévisse, que je peignisse, que je teignisse, que je courusse, que je conquisse, que je tuasse, que je déchusse, que je déployasse.

116. J'agréerai, j'agréerais, tu mûriras, tu mûrirais, il coudra, il coudrait, nous vengerons, nous vengerions, vous louerez, vous loueriez, ils prendront, ils prendraient, j'avertirai, j'avertirais, tu tueras, tu tuerais, il dormira, il dormirait, nous plairons, nous plairions, vous exclurez, vous excluriez, ils fonderont, ils fonderaient.

117. Je peindrai, je peindrais, je désirerai, je désirerais, je poursuivrai, je poursuivrais, je croirai, je croirais, je rirai, je rirais, je vêtirai, je vêtirais, j'admirerai, j'admirerais, je boirai, je boirais, je sortirai, je sortirais, j'assiégerai, j'assiégerais, je dompterai, je dompterais, je fondrai, je fondrais.

118. Je coulerai, je coulerais, je vieillirai, je vieillirais, je tordrai, je tordrais, j'épouvanterai, j'épouvanterais, je corrigerai, je corrigerais, je bannirai, je bannirais, je dirai, je dirais, je suerai, je suerais, j'enhardirai, j'enhardirais, je plaindrai, je plaindrais, je saisirai, je saisirais, je clouerai, je clouerais.

119. Je réunirai, je réunirais, je jouerai, je jouerais, je maudirai, je maudirais, j'élargirai, j'élargirais, je moudrai, je moudrais, je surseoirai, je surseoirais, j'absoudrai, j'absoudrais, je vaincrai, je vaincrais, j'assoirai, j'assiérai, j'asseyerai, j'assoirais, j'assiérais, j'asseyerais, je résoudrai, je résoudrais, je témoignerai, je témoignerais, je romprai, je romprais.

120. Je prodiguais, je chérissais, je devais, je pre-

nais, je fournissais, je mordais, je pourvoyais, je teignais, je suffisais, je blanchissais, je traînais.

121. J'appelais, je jetais, je maudissais, je disais, je remplissais, je montrais, je rompais, je ravissais, je chantais, j'osais, j'enrichissais, j'envoyais.

122. Je répondais, j'appelais, je pliais, je voyais, je faisais, j'offrais, je niais, je comprenais, j'unissais, je vêtais, je reliais, je rejetais.

123. J'allais, je riais, je nuisais, je bannissais, je médisais, je voulais, je buvais, je mourais, j'arrangeais, je ménageais, je suçais, je nettoyais.

124. Je fuyais, je rafraîchissais, je tâchais, je rayais, j'éraillais, je croyais, je croissais, je défaisais, je feignais, je pilais, je moulais, je traitais.

125. Je cousais, je révélais, j'attendrissais, je concevais, je semais, je plaignais, je passais, je concluais, je pouvais, j'épelais, je tenais, je résolvais.

126. Je suppléais, je courais, j'acquérais, je mouvais, j'apercevais, je tendais, j'épiais, je moissonnais, je languissais, je surveillais, je réduisais, je fondais.

127. Nous bâtissons, vous cousez, ils témoignent, nous excluons, vous coulez, ils dorment, nous jouons, vous plaignez, ils mûrissent, nous désirons, vous avertissez, ils résolvent.

128. Nous vêtons, vous moulez, ils sentent, nous épouvantons, vous maudissez, ils résolvent, nous saisissons, vous suez, ils vainquent, nous fatiguons, vous priez, ils peignent.

129. Nous travaillons, vous teignez, ils remplissent,

nous chantons, vous répondez, ils unissent, nous éraillons, vous feignez, ils surveillent, nous chérissons, vous suffisez, ils montrent.

150. Nous offrons, vous revêtez, ils rient, nous rafraîchissons, vous pliez, ils traînent, nous courons, vous tendez, ils réduisent, nous blanchissons, vous mordez, ils tordent.

151. Nous rompons, vous ternissez, ils plient, nous tâchons, vous croissez, ils nient, nous enfreignons, vous passez, ils attendrissent, nous épions, vous moissonnez, ils suivent.

152. Nous languissons, vous rayez, ils naissent, nous réunissons, vous volez, ils louent, nous mordons, vous sortez, ils cueillent, nous vivons, vous ouvrez, ils mentent.

153. Que j'enfreigne, que tu languisses, qu'il demande, que nous niions, que vous rompiez, qu'ils traînent, que je morde, que tu offres, qu'il surveille, que nous répondions, que vous travailliez, qu'ils noircissent.

154. Que je maudisse, que tu convainques, qu'il vête, que nous désirions, que vous couliez, qu'ils bâtissent, que je couse, que tu dormes, qu'il avertisse, que nous moulions, que vous fatiguiez, qu'ils résolvent.

155. Que j'unisse, que tu teignes, qu'il chérisse, que nous revêtions, que vous couriez, qu'ils disent, que je brunisse, que tu sautes, qu'il absolve, que nous paissions, que vous mouilliez, qu'ils rayent.

136. Que j'éraille, que tu rayes, qu'il loue, que nous ouvrions, que vous témoigniez, qu'ils plaignent, que je sente, que tu saisisses, qu'il chante, que nous remplissions, que vous suffisiez, qu'ils rafraîchissent.

137. Que je réduise, que tu plies, qu'il paisse, que nous suivions, que vous naissiez, qu'ils sortent, que je mente, que tu souilles, qu'il exclue, que nous mûrissions, que vous épouvantiez, qu'ils suent.

138. Que je danse, que tu feignes, qu'il montre, que nous reliions, que vous affranchissiez, qu'il croissent, que j'épie, que tu réunisses, qu'il cueille, que nous défendions, que vous serviez, qu'ils bouillent.

139. *Ind. prés.* Je chante, tu danses, il montre, nous louons, vous tuez, ils travaillent, je traîne, tu attaches, elle dédaigne, nous suons, vous comptez, ils prodiguent.

140. *Ind. imparf.* Je traînais, tu chantais, elle prodiguait, nous dansions, vous louiez, elles montraient, je louais, tu dédaignais, il comptait, nous suivions, vous travailliez, ils attachaient.

141. *Passé. déf.* Je traînai, tu attachas, elle travailla, nous suâmes, vous louâtes, ils tuèrent, je montrai, tu dédaignas, il compta, nous dansâmes, vous prodiguâtes, elles chantèrent.

142. *Futur.* Je prodiguerai, tu chanteras, elle comptera, nous danserons, vous dédaignerez, ils montreront, je suerai, tu loueras, il attachera, nous tuerons, vous travaillerez, ils traîneront.

143. *Cond. prés.* Je suerais, tu louerais, il prodiguerait, nous travaillerions, vous montreriez, elles compteraient, je dédaignerais, tu chanterais, elle louerait, nous suerions, vous danseriez, ils traîneraient.

144. *Impér.* Prodigue, montrons, suez, chante, comptons, dansez, travaille, dédaignons, louez, attache, traînons, tuez.

145. *Subj. prés.* Que je chante, que tu prodigues, qu'il montre, que nous tuions, que vous louiez, qu'ils suent, que je danse, que tu dédaignes, qu'elle traîne, que nous attachions, que vous montriez, qu'ils travaillent.

146. *Subj. imparf.* Que je comptasse, que tu chantasses, qu'il dansât, que nous attachassions, que vous dédaignassiez, qu'ils louassent, que je montrasse, que tu prodiguasses, qu'elle suât, que nous travaillassions, que vous traînassiez, qu'elles tuassent.

147. *Ind. prés.* J'avertis, tu bâtis, il chérit, nous éblouissons, vous fournissez, ils gravissent, je guéris, tu mûris, il noircit, nous nourrissons, vous réunissez, ils saisissent.

148. *Ind. imparf.* Je bâtissais, tu éblouissais, il gravissait, nous mûrissions, vous nourrissiez, ils saisissaient, je chérissais, tu avertissais, il réunissait, nous éblouissions, vous gravissiez, ils mûrissaient.

149. *Pas. déf.* Je saisis, tu nourris, il mûrit, nous gravîmes, vous éblouîtes, ils bâtirent, je réunis, tu noircis, il guérit, nous fournîmes, vous chérîtes, ils avertirent.

149 bis. *Futur.* Je nourrirai, tu mûriras, il gravira,

nous éblouirons, vous bâtirez, ils réuniront, je saisirai, tu noirciras, il guérira, nous fournirons, vous avertirez, ils bâtiront.

150. *Cond. prés.* Je guérirais, tu noircirais, il fournirait, nous réunirions, vous chéririez, ils saisiraient, j'avertirais, tu bâtirais, il éblouirait, nous gravirions, vous mûririez, ils nourriraient.

151. *Impér.* Avertis, éblouissons, guérissez, noircis, réunissons, bâtissez, fournis, mûrissons, nourrissez, chéris, gravissons, saisissez.

152. *Subj. prés.* Que je saisisse, que tu avertisses, qu'il réunisse, que nous bâtissions, que vous nourrissiez, qu'ils chérissent, que je noircisse, que tu éblouisses, qu'il mûrisse, que nous fournissions, que vous guérissiez, qu'ils gravissent.

153. *Subj. imparf.* Que j'éblouisse, que tu fournisses, qu'il mûrît, que nous nourrissions, que vous réunissiez, qu'ils avertissent, que je bâtisse, que tu chérisses, qu'il gravît, que nous guérissions, que vous noircissiez, qu'ils saisissent.

154. *Ind. prés.* J'aperçois, tu conçois, il doit, nous décevons, vous percevez, ils redoivent.

155. *Ind. imparf.* Je percevais, tu redevais, il devait, nous décevions, vous conceviez, ils apercevaient.

156. *Pas. déf.* Je déçus, tu perçus, il dut, nous conçûmes, vous redûtes, ils aperçurent.

157. *Fut.* Je redevrai, tu décevras, il percevra, nous devrons, vous apercevrez, ils concevront.

158. *Cond. prés.* Je concevrais, tu percevrais, il dé-

cevrait, nous redevrions, vous percevriez, ils devraient.

159. *Subj. prés.* Que je doive, que tu aperçoives, qu'il déçoive, que nous redevions, que vous perceviez, qu'ils conçoivent.

160. *Subj. imparf.* Que j'aperçusse, que tu dusses, qu'il conçût, que nous perçussions, que vous redussiez, qu'ils déçussent.

161. *Impér.* Perçois, devons, concevez, redois, décevons, apercevez.

162. *Ind.prés.* Je confonds, tu attends, il défend, nous descendons, vous entendez, ils pendent, je mords, tu perds, il répand, nous tordons, vous tondez, ils vendent.

163. *Ind. imparf.* J'attendais, tu défendais, il entendait, nous mordions, vous répandiez, ils tordaient, je descendais, tu confondais, il pendait, nous perdions, vous tondiez, ils vendaient.

164. *Pas. déf.* Je mordis, tu pendis, il perdit, nous entendîmes, vous répandîtes, ils descendirent, je tondis, tu défendis, il tordit, nous confondîmes, vous vendîtes, ils attendirent.

165. *Fut.* Je vendrai, tu attendras, il tordra, nous confondrons, vous tondrez, ils défendront, je répandrai, tu descendras, il perdra, nous entendrons, vous mordrez, ils pendront.

166. *Cond. prés.* Je descendrais, tu répandrais, il entendrait, nous tondrions, vous pendriez, ils tordraient, je vendrais, tu attendrais, il confondrait, nous défendrions, vous perdriez, ils mordraient.

167. *Impér.* Attends, vendons, confondez, tords, dé-

fendons, tondez, descends, répandons, entendez, prends, mordons, pendez.

168. *Subj. prés.* Que je tonde, que tu perdes, qu'il pende, que nous descendions, que vous confondiez, qu'ils vendent, que je répande, que tu entendes, qu'il morde, que nous tordions, que vous défendiez, qu'ils attendent.

169. *Subj. imparf.* Que je répandisse, que tu pendisses, qu'il vendît, que nous attendissions, que vous tordissiez, qu'ils confondissent, que je mordisse, que tu défendisses, qu'il perdît, que nous tondissions, que vous entendissiez, qu'ils descendissent.

170. *Ind. prés.* Je commence, tu avances, il efface, nous enfonçons, vous exercez, ils exaucent, je force, tu lances, il place, nous menaçons, vous percez, ils renoncent.

171. *Ind. imparf.* J'avançais, tu effaçais, il exerçait, nous forcions, vous menaciez, ils plaçaient, je renonçais, tu commençais, il enfonçait, nous exaucions, vous lanciez, ils perçaient.

171 bis. *Pas. déf.* Je renonçai, tu perças, il lança, nous exauçâmes, vous enfonçâtes, ils commencèrent, je plaçai, tu menaças, il força, nous exerçâmes, vous effaçâtes, ils avancèrent.

172. *Impérat.* Exauce, forçons, exercez, lance, enfonçons, menacez, efface, perçons, commencez, place, avançons, renoncez.

173. *Subj imparf.* Que j'effaçasse, que tu exauçasses, qu'il menaçât, que nous plaçassions, que vous commençassiez, qu'ils enfonçassent, que je forçasse, que tu perçasses, qu'il avançât, que nous exerçassions, qu vous lançassiez, qu'ils renonçassent.

174. *Ind. prés.* Je voyage, tu affliges, il ravage, nous allongeons, vous rangez, ils chargent, je plonge, tu nages, nous corrigeons, vous forgez, ils mangent.

175. *Ind. imparf.* J'affligeais, tu allongeais, il changeait, nous corrigions, vous changiez, ils forgeaient, je mangeais, tu nageais, il plongeait, nous nagions, ils voyageaient.

176. *Pas. déf.* J'allongeai, tu changeas, il forgea, nous nageâmes, vous rangeâtes, ils voyagèrent, j'affligeai, tu changeas, il corrigea, nous mangeâmes, vous plongeâtes, ils ravagèrent.

177. *Impér.* Change, forgeons, plongez, voyage, affligeons, chargez, mange, rangeons, allongez, corrige, nageons, ravagez.

178. *Subj. imparf.* Que je ravageasse, que tu chargeasses, qu'il voyageât, que nous allongeassions, que vous rangeassiez, qu'ils affligeassent, que je plongeasse, que tu mangeasses, qu'il nageât, que nous forgeassions, que vous corrigeassiez, qu'ils changeassent.

179. *Ind. prés.* J'amoncelle, tu cachettes, il appelle, nous chancelons, vous étincelez, ils épellent, je feuillette, tu nivelles, il furette, nous renouvelons, vous jetez, ils soufflettent.

180. *Ind. imparf.* J'appelais, tu cachetais, il amoncelait, nous chancelions, vous étinceliez, il feuilletaient, j'épelais, tu furetais, il jetait, nous soufletions, vous niveliez, ils renouvelaient.

181. *Pas. déf.* Je souffletai, tu renouvelas, il jeta, nous nivelâmes, vous furetâtes, ils épelèrent, je feuilletai, tu étincelas, il amoncela, nous cachetâmes, vous chancelâtes, ils appelèrent.

182. *Fut.* Je furetterai, tu épelleras, il nivellera, nous étincellerons, vous jetterez, ils chancelleront, je feuilleterai, tu amoncelleras, il cachettera, nous renouvellerons, vous appellerez, ils souffletteront.

183. *Cond. prés.* J'amoncellerais, tu cachetterais, il épellerait, nous jetterions, vous renouvelleriez, ils appelleraient, je feuilletterais, tu chancellerais, il furetterait, nous étincellerions, vous souffletteriez, ils nivelleraient.

184. *Impér.* Epelle, souffletons, amoncelez, furette, renouvelons, feuilletez, nivelle, étincelons, jetez, appelle, cachetons, chancelez.

185. *Subj. prés.* Que je chancelle, que tu feuillettes, qu'il appelle, que nous furetions, que vous chanceliez, qu'ils nivellent, que je cachette, que tu étincelles, qu'il jette, que nous renouvelions, que vous souffletiez, qu'ils épellent.

186. *Subj. imparf.* Que je souffletasse, que tu jetasses, qu'il renouvelât, que nous furetassions, que vous nivelassiez, qu'ils feuilletassent, que j'épelasse, que tu étincelasses, qu'il cachetât, que nous appelassions, que vous amoncelassiez, qu'ils chancelassent.

187. *Ind. prés.* Je supplée, tu protéges, il pèse, nous menons, vous allégez, ils créent, je lève, tu assièges, il abrége, nous dépeçons, vous agréez, ils achèvent.

188. *Ind. imparf.* J'achève, tu abréges, il dépèce,

nous agréons, vous suppléez, ils allégent, j'assiége, tu lèves, il pèse, nous créons, vous menez, ils protégent.

189. *Pas. déf.* J'agréai, tu achevas, il abrégea, nous dépeçâmes, vous allégeâtes, ils créèrent, j'assiégeai, tu levas, il protégea, nous menâmes, vous suppléâtes, ils pesèrent.

190. *Fut.* J'assiégerai, tu crééras, il dépècera, nous allégerons, vous lèverez, ils abrégeront, je mènerai, tu agrééras, il pèsera, nous protégerons, vous achèverez, ils suppléeront.

191. *Cond. prés.* Je protégerais, tu mènerais, il créerait, nous pèserions, vous lèveriez, ils assiégeraient, j'allégerais, tu suppléerais, il agréerait, nous dépècerions, vous abrégeriez, ils achèveraient.

192. *Impér.* Pèse, suppléons, menez, protége, levons, assiégez, crée, allégeons, dépecez, abrége, achevons, agréez.

193. *Sub. prés.* Que j'assiége, que tu supplées, qu'il dépèce, que nous créions, que vous acheviez, qu'ils protégent, que je pèse, que tu allèges, qu'il mène, que nous agréions, que vous leviez, qu'ils abrégent.

194. *Subj. imparf.* Que je suppléasse, que tu protégeasses, qu'il achevât, que nous menassions, que vous créassiez, qu'ils pesassent, que je levasse, que tu assiégeasses, qu'il agréât, que nous allégeassions, que vous dépeçassiez, qu'ils abrégeassent.

195. *Ind. prés.* J'allègue, tu célèbres, il cède, nous complétons, vous considérez, ils empiètent, j'espère, tu inquiètes, il préfère, nous réglons, vous révélez, ils végètent.

196. *Ind. imparf.* Je végétais, tu révélais, il réglait, nous préférions, vous inquiétiez, ils espéraient, j'empiétais, tu considérais, il complétait, nous cédions, vous célébriez, ils alléguaient.

197. *Pas. déf.* Je révélai, tu préféras, il espéra, nous considérâmes, vous cédâtes, ils alléguèrent, je végétai, tu réglas, il inquiéta, nous empiétâmes, vous complétâtes, ils célébrèrent.

198. *Fut.* Je célébrerai, tu céderas, il considérera, nous alléguerons, vous espérerez, ils préféreront, je révélerai, tu compléteras, il empiétera, nous inquiéterons, vous réglerez, ils végéteront.

199. *Cond. prés.* J'alléguerais, tu célébrerais, il céderait, nous compléterions, vous considéreriez, ils empiéteraient, j'espérerais, tu inquiéterais, il préférerait, nous réglerions, vous révéleriez, ils végéteraient.

200. *Impér.* Révèle, empiétons, réglez, complète, inquiétons, végétez, allègue, préférons, espérez, considère, cédons, alléguez.

201. *Subj. prés.* Que je préfère, que tu considères, qu'il allègue, que nous réglions, que vous empiétiez, qu'ils célèbrent, que je révèle, que tu espères, qu'il cède, que nous végétions, que vous inquiétiez, qu'ils complètent.

202. *Subj. imparf.* Que j'inquiétasse, que tu espérasses, qu'il préférât, que nous empiétassions, que vous réglassiez, qu'ils considérassent, que j'alléguasse, que tu révélasses, qu'il complétât, que nous célébrassions, que vous végétassiez, qu'ils cédassent.

203. *Ind. prés.* J'appuie, tu balayes (1), il broie, nous effrayons, vous ennuyez, ils égayent, je nettoie, tu essuies, il essaye, nous employons, vous payez, ils noient.

204. *Ind. imparf.* J'employais, tu essayais, il essuyait, nous payions, vous nettoyiez, ils appuyaient, je balayais, tu broyais, il ennuyait, nous effrayions, vous noyiez, ils égayaient.

205. *Pas. déf.* J'essayai, tu noyas, il essuya, nous payâmes, vous ennuyâtes, vous balayâtes, ils broyèrent, j'égayai, tu employas, il appuya, nous effrayâmes, vous nettoyâtes, ils essayèrent.

206. *Fut.* Je noierai, tu payeras, il emploiera, nous égayerons, vous essuierez, ils nettoieront, j'essayerai, tu ennuieras, il effrayera, nous broierons, vous balayerez, ils appuieront.

207. *Cond. prés.* J'égayerais, tu noierais, il effrayerait, nous ennuierions, vous broieriez, ils balayeraient, j'appuierais, tu nettoierais, il payerait, nous essuierions, vous essayeriez, ils emploieraient.

208. *Impér.* Emploie, payons, noyez, essaye, essuyons, nettoyez, égaye, ennuyons, effrayez, broie, balayons, appuyez.

209. *Subj. prés.* Que je noie, que tu ennuies, qu'il balaye, que nous nettoyions, que vous essuyiez, qu'ils emploient, que j'emploie, que j'égaye, que tu effrayes, qu'il broie, que nous appuyions, que vous payiez, qu'ils essayent.

---

(1) Dans les verbes en **ayer**, on peut conserver l'*y* ou le remplacer par un *i* devant l'*e* muet et écrire *Je paye* ou *Je paie*.

210. *Subj. imparf.* Que je payasse, que tu noyasses, qu'il employât, que nous essuyassions, que vous égayassiez, qu'ils essayassent, que j'effrayasse, que tu ennuyasses, qu'il broyât, que nous appuyassions, que vous balayassiez, qu'ils nettoyassent.

211. *Ind. imparf.* Nous fuyions, vous voyiez, nous croyions, vous trayiez, nous pourvoyions, vous assoyiez, nous trayions, vous fuyiez, nous voyions, vous croyiez, nous assoyions, vous pourvoyiez.

212. *Subj. prés.* Que j'assoie, que tu traies, qu'il voie, que nous croyions, que vous pourvoyiez, qu'ils fuient, que je voie, que tu fuies, qu'il assoie, que nous pourvoyions, que vous trayiez, qu'ils croient.

213. *Ind. prés.* J'associe, tu cries, il certifie, nous copions, vous étudiez, ils lient, je nie, tu oublies, il prie, nous publions, vous remerciez, ils scient.

214. *Ind. imparf.* Je criais, tu copiais, il liait, nous oubliions, vous publiiez, ils sciaient, j'associais, tu certifiais, il étudiait, nous niions, vous priiez, ils remerciaient.

215. *Pas. déf.* Je sciai, tu publias, il oublia, nous liâmes, vous copiâtes, ils crièrent, je remerciai, tu prias, il nia, nous étudiâmes, vous certifiâtes, ils associèrent.

216. *Fut.* Je lierai, tu étudieras, il niera, nous copierons, vous oublierez, ils certifieront, je publierai, tu crieras, il priera, nous scierons, vous associerez, ils remercieront.

217. *Cond. prés.* Je prierais, tu remercierais, il associerait, nous scierions, vous crieriez, ils publieraient, je certifierais, tu oublierais, il copierait, nous nierions, vous étudieriez, ils lieraient.

218. *Impér.* Remercie, prions, étudiez, nie, certifions, associez, copie, publions, liez, crie, sciôns, oubliez.

219. *Subj. prés.* Que je certifie, que tu lies, qu'il prie, que nous sciions, que vous criiez, qu'ils étudient, que j'oublie, que tu remercies, qu'il associe, que nous copiions, que vous publiiez, qu'ils nient.

220. *Subj. imparf.* Que je liasse, que tu sciasses, qu'il étudiât, que nous remerciassions, que vous copiassiez, qu'ils niassent, que je certifiasse, que tu priasses, qu'il criât, que nous oubliassions, que vous associassiez, qu'ils publiassent.

221. *Subj. prés.* Que j'aille, que tu haïsses, qu'il bouille, que nous mourions, que vous vêtiez, qu'ils tiennent, que j'ouvre, que tu assailles, qu'il coure, que nous allions, que vous bouilliez, qu'ils acquièrent.

222. Que je meuve, que tu cueilles, qu'il meure, que nous déchoyions, que vous ouvriez, qu'ils.... (1), que je puisse, que tu offres, qu'il coure, que nous assoyions, que vous teniez, qu'ils puissent.

223. Que je bouille, que tu meures, qu'il aille, qu'il..., que tu vailles, qu'ils puissent, qu'ils ...., qu'ils meuvent, que vous assoyiez, qu'ils cueillent, qu'ils haïssent, que nous bouillions.

(1) Les points indiquent que le temps n'est pas usité.

224. Qu'il vaille, qu'ils vêtent, que nous acquérions, que vous mouviez, que tu viennes, qu'il tienne, qu'il meuve, que tu vêtes, que je coure, que je vaille, qu'ils veuillent, que vous bouilliez, qu'il haïsse.

225. Que j'entr'ouvre, que tu prévales, qu'il revienne, que nous contenions, que vous acquériez, qu'ils émeuvent, que j'équivaille, que tu émeuves, qu'il rouvre, que nous sachions, que vous assailliez, qu'ils prévalent.

226. Que je vainque, que tu saches, qu'il prévale, que nous cousions, que vous disiez, que vous prédisiez, qu'ils boivent, que je soustraie, que tu...., qu'il croie, qu'il croisse, que nous mouvions, que vous mouliez, qu'il maudisse, qu'ils redisent.

227. Que j'offre, que tu naisses, qu'il reconnaisse, que nous buvions, que vous fassiez, que vous refassiez, qu'ils distraient, que je craigne, que tu absolves, qu'il..., que nous haïssions, que vous dédisiez, que vous redisiez, qu'ils éclosent, qu'ils prennent.

228. Que je tressaille, que tu veuilles, qu'il..., qu'il conquière, qu'il décroisse, que nous maudissions, que nous émouvions, que vous redisiez, que vous surfassiez, que vous contredisiez, qu'ils viennent, qu'ils ouvrent, que je requière.

229. Que tu peignes, qu'il plaise, qu'il nuise, que tu déplaises, que tu convainques, que tu couses, que tu...., qu'il renaisse, qu'il vainque, que nous cousions, que vous buviez, qu'il...., que nous croyions, que nous croissions.

230. Que tu recueilles, qu'ils moulent, que vous di-

siez, que vous redisiez, que vous satisfassiez, que vous extrayiez, que nous acquérions, qu'ils joignent, qu'ils croient, que tu meures, que nous contrefassions, que nous paissions, que vous compreniez.

231. Que nous moulions, que vous mouviez, que je meuve, que nous soustrayions, qu'ils requièrent, que tu résolves, qu'ils absolvent, que vous buviez, qu'il paraisse, qu'ils connaissent, que tu revêtes, que vous plaigniez.

232. Que je traie, qu'il déplaise, que tu prévales, qu'il tressaille, qu'ils...., que nous bouillions, qu'il...., qu'ils éclosent, que nous moulions, que vous cousiez, que vous dédisiez, qu'ils plaignent.

233. *Ind. imparf.* Je résolvais, tu mouvais, il seyait, nous vêtions, vous bouilliez, ils moulaient, je savais, tu extrayais, il cousait, nous émouvions, vous assoyiez, ils seyaient.

234. Je bouillais, tu revêtais, il peignait, nous distrayions, vous riiez, ils feignaient, j'absolvais, tu moulais, il cousait, nous souriions, vous trayiez, ils mouvaient.

235. *Pas. déf.* Je requis, tu déchus, il résolut, nous assaillîmes, vous vîtes, ils pourvurent, je haïs, tu sursis, il crut, il crût, nous naquîmes, vous valûtes, ils cueillirent.

236. Je revins, tu parus, il échut, nous retînmes, vous devîntes, ils prévirent, j'accueillis, tu émus, il prévalut, nous haïmes, vous pourvûtes, ils virent.

237. Je tressaillis, tu recueillis, il moulut, nous cousîmes, vous acquîtes, ils crurent, je sursis, tu parvins,

il émut, nous pourvûmes, vous prévîtes, ils crûrent.

258. *Fut.* Je décherrai, tu cueilleras, il fera, nous courrons, vous enverrez, ils convoieront, je tiendrai, tu mouvras, il braira, nous croîtrons, vous assaillerez, ils écloront.

239. Je saurai, tu soustrairas, il vaudra, nous reconnaîtrons, vous coudrez, ils secourront, je verrai, tu pourvoiras, il écherra, nous revaudrons, vous préviendrez, ils iront.

240. Je voudrai, tu mourras, il absoudra, nous pourrons, vous recourrez, ils soustrairont, je cueillerai, tu souffriras, il clora, nous renverrons, vous dévoierez, ils décherront.

241. Je résoudrai, tu concourras, il acquerra, nous tressaillirons, vous parviendrez, ils haïront, je prévoirai, tu verras, il saura, nous referons, vous trairez, ils conquerront.

242. Je prévaudrai, tu vaincras, il assaillira, nous recueillerons, vous prévoirez, ils reverront, je clorai, tu connaîtras, il naîtra, nous prévaudrons, vous absoudrez, ils encloront.

243. J'obtiendrai, tu iras, il éclôra, nous décherrons, vous haïrez, ils parcourront, je fourvoierai, tu renverras, il circonviendra, nous accroîtrons, vous plairez, ils brairont.

244. Je retiendrai, tu satisferas, il écherra, nous émouvrons, vous pourrez, ils courront, je dissoudrai, tu pourvoiras, il extraira, nous requerrons, vous équivaudrez, ils assoiront.

245. *Cond. prés.* Je surseoirais, tu pourvoirais, il recueillerait, nous tressaillirions, vous moudriez, ils parviendraient, je coudrais, tu émouvrais, il croirait, nous acquerrions, vous prévoiriez, ils croîtraient.

246. Je tiendrais, tu cueillerais, il brairait, nous courrions, vous assailliriez, ils convoieraient, je décherrais, il ferait, nous croîtrions, vous enverriez, ils écloraient.

247. Je verrais, tu soustrairais, il écherrait, nous reconnaîtrions, vous haïriez, ils secourraient, je saurais, tu pourvoirais, il vaudrait, nous émouvrions, vous coudriez, ils iraient.

248. Je résoudrais, tu souffrirais, il voudrait, nous renverrions, vous recourriez, ils décherraient, je cueillerais, tu mourrais, il absoudrait, nous pourrions, vous dévoieriez, ils soustrairaient.

249. Je prévaudrais, tu concourrais, il saurait, nous assaillirions, vous acquerriez, ils parviendraient, je prévoirais, tu verrais, il coudrait, nous referions, vous conquerriez, ils trairaient.

250. Je clorais, tu acquerrais, il concourrait, nous parviendrions, vous tressailliriez, ils recueilleraient, je connaîtrais, tu naîtrais, il plairait, nous enclorions, vous absoudriez, ils prévaudraient.

251. Je fourvoierais, tu irais, il circonviendrait, nous accroîtrions, vous cuilleriez, ils brairaient, je haïrais, tu renverrais, il éclorait, nous décherrions, vous plairiez, ils parcourraient.

252. Je retiendrais, tu satisferais, il écherrait, nous émouvrions, vous pourriez, ils courraient, je requer-

rais, tu équivaudrais, il assoirait, nous dissoudrions, vous pourvoiriez, ils extrairaient.

253. *Impér.* Ouvre, sachons, résolvez, va, acqué-rons, veuillez, assaille, émouvons, soustrayez, vaux, haïssons, allez-vous-en, redites, contredisez....

254. Clos, absolvons, sachez, hais, allons-nous-en, dites, prédisez, bous, faites, sachez, maudissez, va-t'en, dédisez, sache, revaux.....

255. *Subj. prés.* Que je vaille, que tu boives, qu'il tienne, que nous vêtions, que vous fassiez, qu'ils soustraient, que je déchoie, que tu moules, qu'il s'en aille, que nous valions, que vous buviez, qu'ils veuil-lent.

256. Que je meuve, que tu prévales, qu'il prenne, que nous cousions, que vous résolviez, qu'ils viennent, que je défasse, que tu conquières, qu'il bouille, que nous comprenions, que vous mouliez, qu'ils aillent.

257. Que j'assoie, que tu équivailles, qu'il meure, que nous émouvions, que vous puissiez, qu'ils préva-lent, que je prenne, que tu revêtes, qu'il veuille, que nous buvions, que vous extrayiez, qu'ils acquièrent.

258. Que je couse, que tu dissolves, qu'il revaille, que nous distrayions, que vous satisfassiez, qu'ils dé-choient, que je veuille, que tu requières, qu'il boive, que nous riions, que vous bouilliez, qu'ils vêtent.

259. Que j'émeuve, que tu t'en ailles, qu'il distraie, que nous voulions, que vous riiez, qu'ils meurent, que je prévale, que tu vailles, qu'il puisse, que nous bouil-lions, que vous requériez, qu'ils équivaillent.

260. *Subj. imparf.* Que je résolusse, que tu vécusses, qu'il haït, que nous tinssions, que vous acquissiez, qu'ils vissent, que je pourvusse, que tu prévisses, qu'il vînt, que nous obtinssions, que vous cousissiez, qu'ils revissent.

261. Que je conquisse, que tu moulusses, qu'il résolût, que nous pourvussions, que vous prévissiez, qu'ils vécussent, que je visse, que tu retinsses, qu'il cousît, que nous haïssions, que vous revissiez, qu'ils devinssent.

262. *Passé indéf.* J'ai envoyé, tu as haï, il a planté, nous avons battu, vous avez cru, il a dormi, j'ai cueilli, tu as pu, il a bu, nous avons répondu, vous avez tordu, ils ont parlé.

263. J'ai averti, tu as conçu, il a vendu, nous avons cueilli, vous avez noué, ils ont fondu, j'ai porté, tu as agi, il a aperçu, nous avons étendu, vous avez lancé, ils ont béni.

264. *Pas. antér.* J'eus fouillé, tu eus compris, il eut mené, nous eûmes saisi, vous eûtes béni, ils eurent jeté, j'eus appelé, tu eus conçu, il eut moulu, nous eûmes désuni, vous eûtes cueilli, ils eurent averti.

265. J'eus taillé, tu eus fendu, il eut pris, nous eûmes protégé, vous eûtes écrit, ils eurent noué, j'eus agi, tu eus fondu, il eut fondé, nous eûmes dû, vous eûtes déçu, il eurent agréé.

266. *Plus-q-parf.* J'avais fendu, tu avais taillé, il avait protégé, nous avions désuni, vous aviez mordu, ils avaient pris, j'avais appelé, tu avais jeté, il avait

saisi, nous avions mené, vous aviez compris, ils avaient fouillé.

267. J'avais langui, tu avais pesé, il avait avoué, nous avions tondu, vous aviez ému, ils avaient cédé, j'avais fléchi, tu avais corrigé, elle avait déçu, nous avions achevé, vous aviez démoli, ils avaient plongé.

268. *Fut. pas.* J'aurai dû, tu auras péché, il aura amené, nous aurons ressaisi, vous aurez payé, ils auront révélé, j'aurai noirci, tu auras mordu, il aura cru, nous aurons supplié, vous aurez répondu, ils auront créé.

269. J'aurai rédigé, tu auras vendu, il aura désuni, nous aurons abrégé, vous aurez prié, ils auront dit, j'aurai tué, tu auras épelé, il aura béni, nous aurons étendu, vous aurez appuyé, ils auront plaint.

270. *Cond. pas.* J'aurais *ou* j'eusse essayé, tu aurais *ou* tu eusses averti, il aurait *ou* il eût cacheté, nous aurions *ou* eussions défendu, vous auriez *ou* eussiez pu, ils auraient *ou* eussent publié, j'aurais *ou* j'eusse nettoyé, tu aurais *ou* tu eusses blanchi, il aurait *ou* il eût prédit, nous aurions *ou* eussions levé, vous auriez *ou* eussiez régné, ils auraient *ou* eussent vendu.

271. J'aurais *ou* j'eusse fourni, tu aurais *ou* tu eusses redû, il aurait *ou* il eût préféré, nous aurions *ou* eussions douté, vous auriez *ou* eussiez tondu, ils auraient *ou* eussent pensé, j'aurais *ou* j'eusse cru, tu aurais *ou* tu eusses vengé, il aurait *ou* il eût répété, nous aurions *ou* eussions tutoyé, vous auriez *ou* eussiez haï, ils auraient *ou* eussent recélé.

272. *Subj. pas.* Que j'aie veillé, que tu aies langui,

qu'il ait pu, que nous ayons jugé, que vous ayez nagé, qu'ils aient bondi, que j'aie montré, que tu aies conçu, qu'il ait cloué, que nous ayons bâti, que vous ayez douté, qu'ils aient bâillé.

273. Que j'aie tué, que tu aies régi, qu'elle ait oublié, que nous ayons perçu, que vous ayez étendu, que vous ayez nié, qu'ils aient supplié, que j'aie mordu, que tu aies agréé, qu'il ait haï, que nous ayons ployé, que vous ayez plié, qu'ils aient tordu.

274. *Subj. plus-q-parf.* Que j'eusse défendu, que tu eusses mouillé, qu'il eût côtoyé, que nous eussions béni, que vous eussiez influé, qu'ils eussent rayé, que j'eusse réfléchi, que tu eusses raillé, qu'il eût prétendu, que nous eussions fondé, que vous eussiez fondu, qu'ils eussent essayé.

275. Que j'eusse créé, que tu eusses suppléé, qu'il eût noirci, que nous eussions ému, que vous eussiez fourni, qu'ils eussent bouilli, que j'eusse nivelé, que tu eusses contredit, qu'il eût désuni, que nous eussions mené, que vous eussiez chanté, qu'ils eussent maudit.

276. *Pas. indéf.* J'ai ouvert, tu as déchu, il a clos, nous avons mu, vous avez couru, ils ont pris, j'ai souffert, tu as vêtu, il a assis, nous avons cousu, vous avez moulu, ils ont absous.

277. J'ai compris, tu as tenu, il a acquis, nous avons sursis, vous avez crû, ils ont décru, j'ai cru, tu as revêtu, il a peint, nous avons joint, vous avez résolu, ils ont fait.

278. *Pas. antér.* J'eus absous, tu eus prédit, il eut moulu, nous eûmes tordu, vous eûtes décru, ils eurent

dépeint, j'eus assis, tu eus résolu, il eut réduit, nous eûmes défait, vous eûtes exclu, ils eurent revêtu.

279. J'eus cueilli, tu eus mu, il eut clos, nous eûmes inscrit, vous eûtes trait, ils eurent tenu, j'eus acquis, tu eus souffert, il eut dissous, nous eûmes décousu, vous eûtes joint, ils eurent déchu.

280. *Plus-q-parf.* J'avais feint, tu avais trait, il avait écrit, nous avions exclu, vous aviez lui, ils avaient plaint, j'avais conclu, tu avais enclos, il avait assis, nous avions réduit, vous aviez mis, ils avaient conquis.

281. J'avais décousu, tu avais contenu, il avait confit, nous avions dépeint, vous aviez nui, ils avaient satisfait, j'avais prédit, tu avais couvert, il avait inscrit, nous avions moulu, vous aviez résolu, ils avaient soustrait.

282. *Fut. pas.* J'aurai ouvert, tu auras clos, il aura couru, nous aurons surpris, vous aurez vêtu, ils auront décousu, j'aurai absous, tu auras déchu, il aura mu, nous aurons souffert, vous aurez assis, ils auront moulu.

283. J'aurai suivi, tu auras accru, il aura tenu, nous aurons sursis, vous aurez cru, ils auront enclos, j'aurai revêtu, tu auras feint, il aura joint, nous aurons résolu, vous aurez fait, ils auront plaint.

284. *Cond. pas.* J'aurais *ou* j'eusse extrait, tu aurais *ou* tu eusses peint, il aurait *ou* il eût décrit, nous aurions *ou* nous eussions déchu, vous auriez *ou* vous eussiez rejoint, ils auraient *ou* ils eussent mu, j'aurais *ou* j'eusse exclu, tu aurais *ou* tu eusses clos, il aurait

3

ou il eût assis, nous aurions *ou* nous eussions réduit, vous auriez *ou* vous eussiez mu, ils auraient *ou* ils eussent conquis.

284 *bis.* J'aurais *ou* j'eusse contenu, tu aurais *ou* tu eusses décousu, il aurait *ou* il eût confit, nous aurions *ou* nous eussions dépeint, vous auriez *ou* vous eussiez nui, ils auraient *ou* ils eussent défait, j'aurais *ou* j'eusse redit, tu aurais *ou* tu eusses entr'ouvert, il aurait *ou* il eût prescrit, nous aurions *ou* nous eussions mordu, vous auriez *ou* vous eussiez distrait, ils auraient *ou* ils eussent dissous.

285. *Sub. pas.* Que j'aie découvert, que tu aies crû, qu'il ait cuit, que nous ayons secouru, que vous ayez déchu, qu'ils aient recousu, que j'aie suffi, que tu aies repris, qu'il ait disjoint, que nous ayons trait, que vous ayez cru, qu'ils aient plaint.

286. Que j'aie conquis, que tu aies promis, qu'il ait réduit, que nous ayons assis, que vous ayez enclos, qu'ils aient exclu, que j'aie mu, que tu aies joint, qu'il ait déchu, que vous ayez feint, qu'ils aient extrait.

287. *Sub. plus-q-parf.* Que j'eusse plaint, que tu eusses défait, qu'il eût absous, que nous eussions joint, que vous eussiez décru, qu'ils eussent vêtu, que j'eusse clos, que tu eusses cru, qu'il eût sursis, que nous eussions détenu, que vous eussiez suivi, qu'ils eussent maudit.

288. Que j'eusse dissous, que tu eusses assis, qu'il eût offert, que nous eussions mû, que vous eussiez déchu, qu'ils eussent confit, que j'eusse relui, que tu eusses moulu, qu'il eût surpris, que nous eussions couru, que vous eussiez rouvert, qu'ils eussent acquis.

VERBES PASSIFS (1)

289. *Ind. prés.* Je suis loué, tu es servi, il est vendu, nous sommes aperçus, vous êtes avertis, ils sont excités, je suis étendu, tu es ému, il est saisi, nous sommes attirés, vous êtes punis, ils sont conçus.

290. Je suis rompu, tu es préparé, il est pourvu, nous sommes fléchis, vous êtes vus, ils sont mordus, je suis chéri, tu es entendu, il est affligé, nous sommes déçus, vous êtes donnés, ils sont confondus.

291. *Ind. imparf.* J'étais entendu, tu étais loué, il était déçu, nous étions servis, vous étiez affligés, ils étaient vendus, j'étais chéri, tu étais mordu, il était excité, nous étions aperçus, vous étiez avertis, ils étaient conçus.

292. J'étais étendu, tu étais rompu, il était saisi, nous étions attirés, vous étiez pourvus, ils étaient chéris, j'étais déçu, tu étais ému, il était confondu, nous étions donnés, vous étiez avertis, ils étaient vus.

293. *Pas. déf.* Je fus émus, tu fus puni, il fut attiré, nous fûmes saisis, vous fûtes étendus, ils furent conçus, je fus excité, tu fus averti, il fut aperçu, nous fûmes vendus, vous fûtes servis, ils furent loués.

294. Je fus confondu, tu fus donné, il fut déçu, nous fûmes affligés, vous fûtes entendus, ils furent ché-

(1) Répéter ces exercices au féminin.

ris, je fus mordu, tu fus vu, il fut fléchi, nous fûmes pourvus, vous fûtes préparés, ils furent rompus.

295. *Pas. indéf.* J'ai été loué, tu as été servi, il a été vendu, nous avons été aperçus, vous avez été avertis, ils ont été excités, j'ai été étendu, tu as été saisi, il a été conçu, nous avons été attirés, vous avez été punis, ils ont été émus.

296. J'ai été rompu, tu as été préparé, il a été pourvu, nous avons été fléchis, vous avez été vus, ils ont été mordus, j'ai été chéri, tu as été entendu, il a été affligé, nous avons été déçus, vous avez été donnés, ils ont été confondus.

297. *Pas. antér.* J'eus été servi, tu eus été loué, il eut été conçu, nous eûmes été aperçus, vous eûtes été vendus, ils eurent été avertis, j'eus été excité, tu eus été étendu, il eut été ému, nous eûmes été saisis, vous eûtes été attirés, ils eurent été punis.

298. J'eus été préparé, tus eus été rompu, il eut été fléchi, nous eûmes été pourvus, vous eûtes été mordus, ils eurent été vus, j'eus été entendu, tu eus été chéri, il eut été déçu, nous eûmes été affligés, vous eûtes été confondus, ils eurent été donnés.

299. *Plus-q-parf.* J'avais été loué, tu avais été entendu, il avait été servi, nous avions été déçus, vous aviez été vendus, ils avaient été affligés, j'avais été mordu, tu avais été chéri, il avait été averti, nous avions été aperçus, vous aviez été excités, ils avaient été vus.

300. J'avais été rompu, tu avais été entendu, il avait été attiré, nous avions été saisis, vous aviez été chéris,

ils avaient été pourvus, j'avais été confondu, tu avais été ému, il avait été donné, nous avions été déçus, vous aviez été vus, ils avaient été avertis.

301. *Fut.* Je serai entendu, tu seras affligé, il sera déçu, nous serons chéris, vous serez mordus, ils seront donnés, je serai fléchi, tu seras vu, il sera préparé, nous serons rompus, vous serez émus, ils seront punis.

302. Je serai attiré, tu seras confondu, il sera pourvu, nous serons saisis, vous serez étendus, ils seront conçus, je serai averti, tu seras excité, il sera vendu, nous serons aperçus, vous serez servis, ils seront loués.

303. *Fut. pas.* J'aurai été donné, tu auras été vu, il aura été mordu, nous aurons été fléchis, vous aurez été confondus, ils auront été attirés, j'aurai été vendu, tu auras été aperçu, il aura été loué, nous aurons été servis, vous aurez été pourvus, ils auront été saisis.

304. J'aurai été déçu, tu auras été entendu, il aura été chéri, nous aurons été affligés, vous aurez été rompus, ils auront été émus, j'aurai été puni, tu auras été préparé, il aura été entendu, nous aurons été avertis, vous aurez été excités, ils auront été conçus.

305. *Cond. prés.* Je serais puni, tu serais ému, il serait rompu, nous serions préparés, vous seriez vus, ils seraient fléchis, je serais donné, tu serais mordu, il serait chéri, nous serions déçus, vous seriez affligés, ils seraient entendus.

306. Je serais loué, tu serais servi, il serait aperçu, nous serions vendus, vous seriez excités, ils seraient conçus, je serais averti, tu serais étendu, il serait saisi,

nous serions pourvus, vous seriez confondus, ils seraient attirés.

307. *Cond. pas.* J'aurais été excité, tu aurais été
averti, il aurait été conçu, nous aurions été étendus,
vous auriez été préparés, ils auraient été punis, j'aurais été ému, tu aurais été rompu, il aurait été affligé,
nous aurions été chéris, vous auriez été entendus, ils
auraient été déçus.

308. J'aurais été saisi, tu aurais été pourvu, il aurait
été servi, nous aurions été loués, vous auriez été aperçus,
ils auraient été vendus, j'aurais été attiré, tu aurais été
confondu, il aurait été fléchi, nous aurions été mordus,
vous auriez été vus, ils auraient été donnés.

409. *Impér.* Sois loué, soyons servis, soyez aperçus,
sois vendu, soyons excités, soyez avertis, sois étendu,
soyons répandus, soyez attirés, sois saisi, soyons pourvus, soyez confondus.

310. Sois préparé, soyons punis, soyez émus, soyez
rompus, soyons donnés, soyez fléchis, sois vu, soyons
entendus, soyez affligés, sois chéri, soyons mordus,
soyez déçus.

311. *Subj. prés.* Que je sois affligé, que tu sois entendu, qu'il soit chéri, que nous soyons déçus, que
vous soyez donnés, qu'ils soient mordus, que je sois vu,
que tu sois fléchi, qu'il soit rompu, que nous soyons
préparés, que vous soyez punis, qu'ils soient émus.

312. Que je sois confondu, que tu sois attiré, qu'il
soit saisi, que nous soyons pourvus, que vous soyez
prévus, qu'ils soient étendus, que je sois excité, que tu
sois averti, qu'il soit aperçu, que nous soyons vendus,
e vous soyez loués, qu'ils soient servis.

313. *Subj. imparf.* Que je fusse vu, que tu fusses donné, qu'il fût fléchi, que nous fussions mordus, que vous fussiez attirés, qu'ils fussent confondus, que je fusse aperçu, que tu fusses vendu, qu'il fût servi, que nous fussions loués, que vous fussiez saisis, qu'ils fussent pourvus.

314. Que je fusse excité, que tu fusses averti, qu'il fût prévu, que nous fussions étendus, que vous fussiez préparés, qu'ils fussent punis, que je fusse ému, que tu fusses rompu, qu'il fût affligé, que nous fussions chéris, que vous fussiez entendus, qu'ils fussent déçus.

315. *Subj. pas.* Que j'aie été ému, que tu aies été puni, qu'il ait été préparé, que nous ayons été rompus, que vous ayez été fléchis, qu'ils aient été vus, que j'aie été mordu, que tu aies été donné, qu'il ait été déçu, que nous ayons été entendus, que vous ayez été chéris, qu'ils aient été conçus.

316. Que j'aie été servi, que tu aies été loué, qu'il ait été vendu, que nous ayons été aperçus, que vous ayez été avertis, qu'ils aient été prévus, que j'aie été excité, que tu aies été étendu, qu'il ait été pourvu, que nous ayons été saisis, que vous ayez été attirés, qu'ils aient été confondus.

317. *Subj. plus-q-parf.* Que j'eusse été averti, que tu eusses été excité, qu'il eût été étendu, que nous eussions été prévus, que vous eussiez été punis, qu'ils eussent été préparés, que j'eusse été rompu, que tu eusses été ému, qu'il eût été chéri, que nous eussions été affligés, que vous eussiez été déçus, qu'ils eussent été entendus.

318. Que j'eusse été pourvu, que tu eusses été saisi,

qu'il eût été loué, que nous eussions été servis, que vous eussiez été vendus, qu'ils eussent été aperçus, que j'eusse été confondu, que tu eusses été attiré, qu'il eût été mordu, que nous eussions été fléchis, que vous eussiez été donnés, qu'ils eussent été vus.

319. *Infin. prés.* (1) Etre chéri, être entendu, être affligé, être mordu, être vu, être donné, être fléchi, être attiré, être pourvu, être saisi, être confondu.

320. Etre aperçu, être vendu, être loué, être servi, être étendu, être produit, être excité, être averti, être rompu, être puni, être ému, être loué.

321. *Infin. pas.* Avoir été entendu, avoir été chéri, avoir été affligé, avoir été déçu, avoir été donné, avoir été vu, avoir été fléchi, avoir été mordu, avoir été pourvu, avoir été confondu, avoir été saisi.

322. Avoir été vendu, avoir été aperçu, avoir été servi, avoir été loué, avoir été prévu, avoir été étendu, avoir été averti, avoir été excité, avoir été puni, avoir été rompu, avoir été loué, avoir été ému.

323. *Partic. prés.* Etant saisi, étant confondu, étant attiré, étant pourvu, étant mordu, étant fléchi, étant vu, étant donné, étant déçu, étant affligé, étant chéri, étant entendu.

324. Etant ému, étant loué, étant rompu, étant puni, étant excité, étant averti, étant étendu, étant prévu, étant servi, étant aperçu, étant vendu.

325. *Partic. pas.* Ayant été affligé, ayant été entendu, ayant été déçu, ayant été chéri, ayant été fléchi,

(1) Répéter les exercices sur les temps de l'infinitif aux deux genres et aux deux nombres.

ayant été donné, ayant été mordu, ayant été vu, ayant été confondu, ayant été pourvu, ayant été saisi, ayant été attiré.

326. Ayant été servi, ayant été vendu, ayant été loué, ayant été aperçu, ayant été averti, ayant été prévu, ayant été excité, ayant été étendu, ayant été loué, ayant été puni, ayant été ému, ayant été rompu.

Changement de l'actif en passif.

327. Le traître est méprisé de tout le monde. L'ennemi a été vaincu par l'armée. Le monde a été créé par Dieu. Sa tâche a été terminée par l'ouvrier. Son devoir a été rempli par l'élève. L'univers fut soumis par les Romains. Le courage est accompagné par la prudence. La charrue était traînée par les bœufs.

328. Cette entreprise sera poursuivie par nous. J'ai été cherché par ma sœur. La maison aura été bâtie par nous. Votre chemin sera trouvé par vous. Ton temps a été perdu par toi. Le lion ne fut pas craint par le moucheron. Tous les obstacles seront surmontés par eux.

329. La vertu est estimée de chacun. Les exemples de nos parents seront suivis par nous. Ils étaient enflammés de l'amour de la gloire. Le devoir de votre voisin avait été fait par vous. Nous fûmes félicités par nos amis. Nous sommes flattés par toi. Il est recommandé et protégé par son mérite.

330. Notre temps nous est dérobé par le jeu. Ma promesse m'a été rappelée par lui. Une lettre m'a été écrite par vous. Le silence vous est prescrit par moi.

Un bon conseil vous sera donné par nous. Une récompense est promise aux élèves laborieux, et elle leur est donnée par le maître.

331. L'honneur était préféré par eux à l'argent. Cette faute vous est attribuée par quelqu'un. Sa grâce a été demandée aux juges par le coupable. Une loi avait été proposée au peuple par les tribuns. Le voyageur a été conduit à la source par les guides. Un cierge a été offert à Notre-Dame par la sœur du matelot.

332. Des honneurs étaient accordés aux athlètes vainqueurs par le peuple d'Athènes. Leur lumière est reçue du soleil par les astres. La vue nous est ôtée par la fortune, et nous sommes privés de la raison (par elle). Leur subsistance étaient tirée des pays voisins par les habitants. L'homme est comblé de bienfaits par Dieu.

333. Un livre m'a été donné par ma mère pour récompense. J'ai été délivré du danger par lui. Tu seras garanti de tout ennui par ton père, de qui tu es chéri. A cause de vous cet homme sera tiré d'embarras par moi. La maison qui a été bâtie par vous a été vue par nous. Qu'un livre me soit donné par vous pour être lu.

334. Le devoir qui leur a été assigné par moi aura été fini par eux avant la classe. Que des secours lui soient portés par nous. Une lettre est reçue par moi de mon père tous les mois. Que les nouvelles qui ont été apprises par toi leur soient envoyées par toi. Une propriété, dont un bon parti est tiré par lui et qui sera bien revendue par lui, a été achetée par lui.

VERBES NEUTRES.

355. *Ind. prés.* Je vais, tu languis, il paraît, nous entrons, vous périssez, ils courent, je viens, tu souris, il éclôt, nous cessons, vous sortez, ils meurent.

356. *Ind. imparf.* Je retournais, tu disparaissais, il croissait, nous languissions, vous sortiez, ils devenaient, je courais, tu entrais, il consistait, nous cessions, vous partiez, ils dormaient.

357. *Pas. déf.* Je naquis, tu souris, il crût, nous parûmes, vous pérites, ils entrèrent, je vins, tu dormis, il naquit, nous allâmes, vous sortites, ils cessèrent.

358. *Pas. indéf.* Je suis arrivé, tu es retourné, il a langui, vous êtes sortis, vous avez péri, ils sont éclos, j'ai crû, tu es entré, il a disparu, nous sommes revenus, vous avez cessé, ils sont partis.

359. J'ai couru, tu es mort, il est allé, nous avons souri, vous êtes entré, ils ont péri, je suis venu, tu as cessé, il est devenu, nous avons disparu, vous êtes arrivés, ils ont consisté.

340. *Pas. ant.* J'eus paru, tu fus allé, il eut cessé, nous fûmes sortis, vous eûtes crû, ils furent venus, j'eus dormi, tu fus entré, il eut péri, nous fûmes devenus, vous fûtes nés, ils furent partis.

341. J'eus disparu, tu fus retourné, elle fut éclose, nous eûmes cessé, vous fûtes nés, ils eurent couru, je fus arrivé, tu fus allé, il fut mort, vous fûtes sortis, ils eurent dormi.

342. *Plus-q-parf.* J'étais mort, tu avais souri, il était devenu, nous avions crû, vous êtiez retournés, elles étaient parties, j'avais paru, tu avais couru, il était sorti, nous avions langui, vous êtiez rentrés, elles étaient écloses.

343. J'avais péri, tu avais cessé, il était né, nous avions disparu, vous étiez allés, ils avaient consisté, j'étais parti, tu avais langui, il était entré, nous étions arrivés, vous aviez couru, ils étaient morts.

344. *Fut.* Je paraîtrai, tu entreras, il naîtra, nous croîtrons, vous cesserez, il courront, j'irai, tu souriras, il disparaîtra, nous deviendrons, vous retournerez, ils éclôront.

345. *Fut. pas.* Je serai allé, tu aura couru, il aura consisté, nous serons arrivés, vous aurez disparu, ils seront venus, j'aurai langui, tu seras entré, il aura cessé, nous serons morts, vous aurez dormi, ils seront nés.

346. J'aurai péri, tu seras reparti, il aura paru, nous serons retournés, vous aurez crû, ils seront sortis, je serai devenu, tu auras souri, il sera éclos, nous aurons couru, vous serez rentrés, ils seront devenus.

347. *Cond. prés.* Je courrais, tu naîtrais, il arriverait, nous disparaîtrions, vous viendriez, ils écloraient, je mourrais, tu paraîtrais, il partirait, nous croîtrions, vous souririez, ils périraient.

348. *Cond. pas.* Je serais entré, tu aurais dormi, il serait allé, nous aurions couru, vous seriez arrivés, ils auraient paru, je serais devenu, tu aurais péri, il serait éclos, nous aurions langui, vous seriez morts, elles auraient consisté.

549. Je serais né, tu aurais souri, il serait reparti, nous aurions cessé, vous seriez retournés, ils auraient crû, je serais sorti, tu aurais disparu, elle serait arrivée, nous aurions péri, vous seriez allés, ils seraient venus.

550. *Impér.* Va, courons, paraissez, deviens, partons, croissez, cesse, sourions, venez, meurs, sortons, retournez.

551. *Subj. prés.* Que je meure, que tu ailles, qu'il croisse, que nous venions, que vous souriiez, qu'ils courent, que je devienne, que tu cesses, qu'il naisse, que nous paraissions, que vous sortiez, qu'ils entrent.

552. *Subj. imparf.* Que je naquisse, que tu courusses, qu'il vînt, que nous dormissions, que vous mourussiez, qu'ils partissent, que je parusse, que tu allasses, qu'il retournât, que nous devinssions, qu'ils cessassent.

553. *Sub. pas.* Que j'aie péri, que tu sois venu, qu'il ait souri, que nous soyons allés, que vous ayez paru, qu'ils soient arrivés, que j'aie cru, que tu sois entré, qu'il ait consisté, que nous soyons morts, que vous soyez nés, qu'ils aient langui.

554. Que je sois parti, que tu aies dormi, qu'il soit sorti, que nous ayons péri, que vous soyez retournés, qu'ils aient couru, que je sois devenu, que tu sois arrivé, qu'elle soit rentrée, que nous ayons disparu, que vous soyez morts, qu'ils aient souri.

355. *Subj. plus-q-parf.* Que j'eusse cessé, que tu fusses devenu, qu'elle eût crû, que nous fussions retournés, que vous fussiez allés, qu'ils eussent paru, que je fusse parti, que tu fusses mort, qu'il eût dormi, que nous fussions venus, que vous fussiez nés, qu'ils eussent couru.

356. Que j'eusse souri, que tu eusses cessé, qu'il fût devenu, qu'il eût péri, que nous fussions partis, que nous fussions retournés, que vous fussiez sortis, qu'elles fussent écloses, que je fusse allé, que tu eusses langui, que vous fussiez entrés, qu'ils eussent crû.

357. *Infinit. pas.* Avoir dormi, avoir cessé, être éclos, être sorti, avoir péri, être arrivé, avoir disparu, avoir cru, être parti, avoir couru, être allé, être entré, avoir dormi, être mort, être retourné, avoir consisté, avoir souri.

358. *Partic. pas.* Ayant cessé, étant sorti, ayant disparu, étant reparti, étant venu, étant allé, ayant souri, ayant dormi, étant retourné, ayant consisté, étant éclos, ayant crû, ayant paru, étant mort, ayant langui, ayant péri.

VERBES PRONOMINAUX

359. *Ind. prés.* Je m'enfuis, tu t'évades, il s'entremet, nous nous efforçons, vous vous empressez, ils s'absentent, je m'enquiers, tu t'apitoies, il s'écrie, nous nous emparons, vous vous abstenez, ils s'en vont.

360. Je me moque, tu t'agenouilles, il s'écroule, nous nous évanouissons, vous vous ravisez, ils se méfient, je me méprends, tu te désistes, il s'embusque, nous nous souvenons, vous vous parjurez, ils se morfondent.

361. Je m'abstiens, tu t'en vas, il s'écrie, nous nous empressons, vous vous enquérez, ils s'apitoient, je m'empresse, tu t'abstiens, il s'entremet, nous nous efforçons, vous vous enfuyez, ils s'évadent.

362. Je m'agenouille, tu te moques, il s'évanouit, nous nous écroulons, vous vous méfiez, ils se ravisent, je me désiste, tu te méprends, ils s'embusquent, nous nous morfondons, vous vous parjurez, ils se souviennent.

363. *Ind. imparf.* Je m'absentais, tu t'enquérais, il s'empressait, nous nous apitoyions, vous vous écriviez, ils s'efforçaient, je m'emparais, tu t'entremettais, il s'en allait, nous nous abstenions, vous vous enfuyiez, ils s'évadaient.

364. Je me méprenais, tu te méfiais, il se désistait, nous nous avisions, vous vous embusquiez, ils s'évanouissaient, je me souvenais, tu t'écroulais, il se morfondait, nous nous agenouillions, vous vous moquiez, ils se parjuraient.

365. Je m'en allais, tu te moquais, il s'abstenait, nous nous agenouillions, vous vous empariez, ils s'écroulaient, je m'écriais, tu t'évanouissais, il s'apitoyait, nous nous ravisions, vous vous enquériez, ils se méfiaient.

366. Je m'absentais, tu te méprenais, il s'empressait, nous nous désistions, vous vous efforciez, ils s'embusquaient, je me parjurais, tu t'enfuyais, il s'évadait,

nous nous morfondions, vous vous entremettiez, ils se souvenaient.

367. *Pas. déf.* Je m'agenouillai, tu t'abstins, il s'en alla, nous nous moquâmes, vous vous évanouîtes, ils s'écrièrent, je m'écroulai, tu t'empressas, il se méfia, nous nous enquîmes, vous vous ravisâtes, ils s'apitoyèrent.

368. Je me désistai, tu t'empressas, il se méprit, nous nous absentâmes, vous vous convîntes, il s'efforcèrent, je m'embusquai, tu t'entremis, il se parjura, nous nous enfuîmes, vous vous morfondîtes, ils s'évadèrent.

369. Je me moquai, tu t'enfuis, il s'agenouilla, nous nous évadâmes, vous vous écroulâtes, ils s'entremirent, je m'évanouis, tu t'efforças, il se ravisa, nous nous empressâmes, vous vous méfiâtes, ils s'absentèrent.

370. Je me mépris, tu t'enquis, il se désista, nous nous apitoyâmes, vous vous embusquâtes, ils s'écrièrent, je me souvins, tu t'empressas, il se morfondit, nous nous abstînmes, vous vous parjurâtes, ils s'en allèrent.

371. *Pas. indéf.* (1) Je me suis enquis, tu t'es moqué, il s'est apitoyé, nous nous sommes agenouillés, vous vous êtes écriés, ils se sont écroulés, je me suis emparé, tu t'es évanoui, il s'est abstenu, nous nous sommes ravisés, vous vous en êtes allés, ils se sont méfiés.

_____

(1) Répéter au féminin les exercices sur les temps passés.

372. Je me suis enfui, tu t'es absenté, il s'est évadé, nous nous sommes mépris, vous vous êtes désistés, ils se sont embusqués, je me suis entremis, tu t'es souvenu, il s'est efforcé, nous nous sommes morfondus, vous vous êtes parjurés, ils se sont empressés.

373. Je me suis emparé, tu t'es enquis, il s'est efforcé, nous nous sommes évadés, vous vous êtes écroulés, ils se sont méfiés, je me suis embusqué, tu t'es parjuré, il s'est abstenu, nous nous sommes apitoyés, vous vous êtes empressés, ils se sont entremis.

374. Je me suis enfui, tu t'es évanoui, il s'est méfié, nous nous sommes désistés, vous vous êtes souvenus, ils se sont morfondus, je me suis moqué, tu t'es écroulé, il s'est ravisé, nous nous sommes empressés, vous vous êtes désistés, ils se sont apitoyés.

375. *Pas. antér.* Je me fus évadé, tu te fus parjuré, il se fut enfui, nous nous fûmes morfondus, vous vous fûtes entremis, ils se furent souvenus, je me fus efforcé, tu te fus embusqué, il se fut empressé, nous nous fûmes mépris, vous vous fûtes absentés, ils se furent méfiés.

376. Je me fus enquis, tu te fus désisté, il se fut ravisé, nous nous fûmes apitoyés, vous vous fûtes évanouis, ils se furent écriés, je me fus écroulé, tu te fus emparé, il se fut agenouillé, nous nous fûmes abstenus, vous vous fûtes moqués, ils s'en furent allés.

377. Je me fus abstenu, tu te fus absenté, il s'en fut allé, nous nous fûmes apitoyés, vous vous fûtes agenouillés, ils se furent écroulés, je me fus écrié, tu te fus entremis, il se fut emparé, nous nous fûmes efforcés, vous vous fûtes enfuis, ils se furent emparés.

378. Je me fus embusqué, tu te fus évadé, il se fut évanoui, nous nous fûmes moqués, vous vous fûtes mépris, ils se furent parjurés, je me fus ravisé, tu te fus morfondu, il se fut méfié, nous nous fûmes souvenus, vous vous fûtes enquis, ils se furent désistés.

379. *Plus-q-parf.* Je m'étais parjuré, tu t'étais empressé, il s'était morfondu, nous nous étions efforcés, vous vous étiez souvenus, ils s'étaient entremis, je m'étais embusqué, tu t'étais désisté, il s'était mépris, nous nous étions évadés, vous vous étiez absentés, ils s'étaient enfuis.

380. Je m'étais apitoyé, tu t'étais ravisé, il s'était enquis, nous nous étions méfiés, vous vous étiez emparés, ils s'étaient écroulés, je m'étais écrié, tu t'étais évanoui, il s'était moqué, nous nous en étions allés, vous vous étiez abstenus, ils s'étaient agenouillés.

381. Je m'étais désisté, tu t'étais enfui, il s'était parjuré, nous nous étions moqués, vous vous étiez morfondus, ils s'étaient agenouillés, je m'étais embusqué, tu t'étais souvenu, il s'était écroulé, nous nous étions évanouis, vous vous étiez méfiés, ils s'étaient mépris.

382. Je m'étais enfui, tu t'en étais allé, il s'était évadé, nous nous étions abstenus, vous vous étiez entremis, ils s'étaient emparés, je m'étais efforcé, tu t'étais écrié, il s'était emparé, nous nous étions apitoyés, vous vous étiez enquis, ils s'étaient absentés.

383. *Fut.* Je me méprendrai, tu te moqueras, il se

désistera, nous nous embusquerons, vous vous age-
nouillerez, ils se souviendront, je me morfondrai, tu te
raviseras, il s'écroulera, nous nous évanouirons, vous
vous parjurerez, ils se méfieront.

384. Je m'absenterai, tu t'en iras, il s'empressera,
nous nous abstiendrons, vous vous efforcerez, ils s'em-
pareront, je m'entremettrai, tu t'écrieras, il s'évadera,
nous nous apitoierons, vous vous enfuirez, ils s'enquer-
ront.

385. Je me méfierai, tu te parjureras, il s'évanouira,
nous nous écroulerons, vous vous raviserez, ils se
morfondront, je me souviendrai, tu t'agenouilleras, il
s'embusquera, nous nous désisterons, vous vous mo-
querez, ils se méprendront.

386. Je m'enquerrai, tu t'apitoieras, il s'enfuira, nous
nous évaderons, vous vous écrierez, ils s'entremettront,
je m'emparerai, tu t'efforceras, il s'abstiendra, nous
nous empresserons, vous vous en irez, ils s'absenteront.

187. *Fut. pas.* Je m'en serai allé, tu te seras moqué, il se sera abstenu, nous nous verons agenouillés,
vous vous serez emparés, ils se seront écroulés, je me
serai écrié, tu te seras évanoui, il se sera apitoyé, nous
nous serons ravisés, vous vous serez enquis, ils se seront méfiés.

388. Je me serai absenté, tu te seras mépris, il se
sera empressé, nous nous serons désistés, vous vous
serez efforcés, ils se seront embusqués, je me serai entremis, tu te seras souvenu, il se sera évadé, nous
nous serons morfondus, vous vous serez enfuis, ils se
eront parjurés.

589. Je me serai méfié, tu te seras enquis, il se sera ravisé , nous nous serons apitoyés, vous vous serez évanouis, ils se seront écriés, je me serai écroulé, tu te seras emparé, il se sera agenouillé, nous nous serons abstenus, vous vous serez moqués, ils s'en seront allés.

390. Je me serai parjuré, tu te seras enfui, il se sera morfondu , nous nous serons évadés, vous vous serez souvenus, ils se seront entremis, je me serai embusqué, tu te seras efforcé, il se sera désisté, nous nous serons empressés, vous vous serez mépris, ils se seront absentés.

391. *Cond. prés.* Je m'enfuirais, tu te moquerais, il s'évaderait, nous nous agenouillerions, vous vous entremettriez, ils s'écrouleraient, je m'efforcerais, tu t'évanouirais, il s'empresserait, nous nous raviserions, vous vous absenteriez, ils se méfieraient.

392. Je m'apitoierais, tu t'enquerrais, il se désisterait, nous nous méprendrions, vous vous écrieriez, ils s'embusqueraient, je m'emparerais, tu te souviendrais, il s'abstiendrait, nous nous parjurerions, vous vous morfondriez, ils s'en iraient.

393. Je me méfierais, tu t'absenterais, il se raviserait, nous nous empresserions, vous vous évanouiriez, ils s'efforceraient, je m'évaderais, tu t'entremettrais, il s'écroulerait , nous nous agenouillerions, vous vous moqueriez, ils s'enfuiraient.

394. Je me morfondrais, tu t'en irais, il se parjurerait, nous nous abstiendrions, vous vous souviendriez, ils s'empareraient, je m'embusquerais, tu t'écrierais, il

se méprendrait, nous nous désisterions, vous vous enquerriez, ils s'apitoieraient.

395. *Cond. pas.* Je me serais moqué, tu te serais enfui, il se serait agenouillé, nous nous serions évadés, vous vous seriez entremis, ils se seraient écroulés, je me serais évanoui, tu te serais efforcé, il se serait ravisé, nous nous serions empressés, vous vous seriez méfiés, ils se seraient morfondus.

396. Je me serais enquis, tu te serais apitoyé, il se serait mépris, nous nous serions désistés, vous vous seriez embusqués, ils se seraient écriés, je me serais souvenu, tu te serais emparé, il se serait parjuré, nous nous serions abstenus, vous vous en seriez allés, ils se seraient morfondus.

397. Je me serais absenté, tu te serais méfié, il se serait empressé, nous nous serions ravisés, vous vous seriez efforcés, ils se seraient évanouis, je me serais évadé, tu te serais agenouillé, il se serait écroulé, nous nous serions entremis, vous vous seriez enfuis, ils se seraient moqués.

398. Je m'en serais allé, tu te serais morfondu, il se serait abstenu, nous nous serions parjurés, vous vous seriez emparés, ils se seraient souvenus, je me serais écrié, tu te serais embusqué, il se serait désisté, nous nous serions mépris, vous vous seriez apitoyés, ils se seraient enquis.

399. *Impér.* Enfuis-toi, évadons-nous, entremettez-vous, efforce-toi, empressons-nous, absentez-vous, enquiers-toi, apitoyons-nous, écriez-vous, empare-toi, abstenons-nous, allez-vous-en.

400. Parjure-toi, morfondons-nous, souvenez-vous, embusque-toi, désistons-nous, méprenez-vous, méfie-toi, ravisons-nous, évanouissez-vous, écroule-toi, agenouillons-nous, moquez-vous.

401. Entremets-toi, enfuyons-nous, évadez-vous, absente-toi, efforçons-nous, empressez-vous, écrie-toi, enquérons-nous, apitoyez-vous, va-t'en, emparons-nous, absentez-vous.

402. Moque-toi, allons-nous-en, agenouillez-vous, évanouis-toi, méfions-nous, ravisez-vous, méprends-toi, embusquons-nous, désistez-vous, souviens-toi, parjurons-nous, morfondez-vous.

403. *Subj. prés.* Que je m'en aille, que tu te parjures, qu'il s'abstienne, que nous nous morfondions, que vous vous empariez, qu'ils se souviennent, que je m'écrie, que tu t'élances, qu'il s'apitoie, que nous nous désistions, que vous vous enquériez, qu'ils se méprennent.

404. Que je m'absente, que tu t'empresses, qu'il se ravise, que nous nous méfiions, que vous vous efforciez, qu'ils s'évanouissent, que je m'entremette, que tu t'écoules, qu'il s'évade, que nous nous agenouillions, que vous vous enfuyiez, qu'ils se moquent.

405. Que je me parjure, que tu t'en ailles, qu'il se morfonde, que nous nous abstenions, que vous vous souveniez, qu'ils s'emparent, que je m'élance, que tu t'écries, qu'il se désiste, que nous nous apitoyions, que vous vous mépreniez, qu'ils s'enquièrent.

406. Que je me méfie, que tu t'absentes, qu'il s'empresse, que nous nous ravisions, que vous vous moquiez, qu'ils s'écroulent, que je m'évanouisse, que tu t'efforces,

qu'il s'agenouille, que nous nous écriions, que vous vous entremettiez, qu'ils s'enfuient.

407. *Subj. imparf.* Que je me parjurasses, que tu te moquasses, qu'il se morfondît, que nous nous agenouillassions, que vous vous souvinssiez, qu'ils s'écoulassent, que je m'élançasse, que tu t'évanouisses, qu'il se désistât, que nous nous ravisassions, que vous vous méprissiez, qu'ils se méfiassent.

408. Que je m'enfuisse, que tu t'en allasses, qu'il s'évadât, que nous nous abstinssions, que vous vous entremissiez, qu'ils s'emparassent, que je m'efforçasse, que tu t'écriasses, qu'il s'empressât, que nous nous apitoyassions, que vous vous absentassiez, qu'ils s'enquissent.

409. Que je m'abstinsse, que tu te morfondisses, qu'il s'écriât, que nous nous élançassions, que vous vous enquissiez, qu'ils se méprissent, que je m'empressasse, que tu te ravisasses, qu'il s'entremît, que nous nous écroulassions, que vous vous enfuissiez, qu'ils se moquassent.

410. Que je m'en allasse, que tu te parjurasses, qu'il s'emparât, que nous nous souvinssions, que vous vous apitoyassiez, qu'ils se désistassent, que je m'absentasse, que tu te méfiasses, qu'il s'efforçât, que nous nous évanouissions, que vous vous évadassiez, qu'ils s'agenouillassent.

411. *Subj. pas.* Que je me sois enfui, que tu te sois parjuré, qu'il se soit évadé, que nous nous soyons morfondus, que vous vous soyez entremis, qu'ils se soient souvenus, que je me sois efforcé, que tu te sois élancé, qu'il se soit empressé, que nous nous soyons désistés, que vous vous soyez absentés, qu'ils se soient mépris.

412. Que je me sois enquis, que tu te sois méfié, qu'il se soit apitoyé, que nous nous soyons ravisés, que vous vous soyez écriés, qu'ils se soient évanouis, que je me sois emparé, que tu te sois écroulé, qu'il se soit abstenu, que nous nous soyons agenouillés, que vous vous en soyez allés, qu'ils se soient moqués.

413. Que je me sois absenté, que tu t'en sois allé, qu'il se soit enfui, que nous nous soyons empressés, que vous vous soyez enquis, qu'ils se soient efforcés, que je me sois apitoyé, que tu te sois entremis, qu'il se soit écrié, que nous nous soyons évadés, que vous vous soyez emparés, qu'ils se soient abstenus.

414. Que je me sois méfié, que tu te sois mépris, qu'il se soit ravisé, que nous nous soyons désistés, que vous vous soyez évanouis, qu'ils se soient élancés, que je me sois écroulé, que tu te sois souvenu, qu'il se soit agenouillé, que nous nous soyons morfondus, que vous vous soyez moqués, qu'ils se soient parjurés.

415. *Subj. plus-q-parf.* Que je me fusse mépris, que tu te fusses absenté, qu'il se fût désisté, que nous nous fussions empressés, que vous vous fussiez élancés, qu'ils se fussent efforcés, que je me fusse souvenu, que tu te fusses entremis, qu'il se fût morfondu, que nous nous fussions évadés, que vous vous fussiez parjurés, qu'ils se fussent enfuis.

416. Que je me fusse moqué, que tu t'en fusses allé, qu'il se fût agenouillé, que nous nous fussions abstenus, que vous vous fussiez écroulés, qu'ils se fussent empa-

rés., que je me fusse évanoui , que tu te fusses écrié, qu'il se fût ravisé, que nous nous fussions apitoyés, que vous vous fussiez méfiés, qu'ils se fussent enquis.

417. Que je me fusse absenu, que tu te fusses emparé, qu'il se fût évadé, que nous nous fussions écriés, que vous vous fussiez entremis, qu'ils se fussent apitoyés, que je me fusse efforcé, que tu te fusses enquis, qu'il se fût empressé, que nous nous fussions enfuis, que vous vous en fussiez allés, qu'ils se fussent absentés.

418. Que je me fusse parjuré, que tu te fusses moqué, qu'il se fût morfondu, que nous nous fussions agenouillés, que vous vous fussiez souvenus, qu'ils se fussent écoulés, que je me fusse élancé, que tu te fusses évanoui, qu'il se fût désisté, que nous nous fussions ravisés, que vous vous fussiez mépris, qu'ils se fussent méfiés.

419. *Infin. pas.* S'en être allé, s'être abstenu, s'être moqué, s'être enquis, s'être emparé, s'être entremis, s'être écrié, s'être enfui, s'être apitoyé, s'être évanoui, s'être absenté, s'être empressé.

420. S'être efforcé, s'être évadé, s'être morfondu, s'être agenouillé, s'être écroulé, s'être souvenu, s'être méfié, s'être mépris, s'être désisté, s'être élancé, s'être parjuré.

421. S'être absenté, s'être empressé, s'être évanoui, s'être apitoyé, s'être enfui, s'être écrié, s'être entremis, s'être emparé, s'être enquis, s'être moqué, s'en être allé, s'être abstenu.

412. S'être élancé, s'être parjuré, s'être désisté, s'être mépris, s'être ravisé, s'être méfié, s'être souvenu, s'être

écroulé, s'être agenouillé, s'être morfondu, s'être évadé, s'être efforcé.

423. *Partic. pas.* S'étant moqué, s'étant abstenu, s'en étant allé, s'étant entremis, s'étant emparé, s'étant enquis, s'étant apitoyé, s'étant enfui, s'étant écrié, s'étant empressé, s'étant absenté, s'étant évanoui.

424. S'étant morfondu, s'étant évadé, s'étant efforcé, s'étant souvenu, s'étant écroulé, s'étant agenouillé, s'étant mépris, s'étant méfié, s'étant ravisé, s'étant parjuré, s'étant élancé, s'étant désisté.

425. S'étant évanoui, s'étant empressé, s'étant absenté, s'étant écrié, s'étant enfui, s'étant apitoyé, s'étant enquis, s'étant emparé, s'étant entremis, s'en étant allé, s'étant abstenu, s'étant moqué.

426. S'étant désisté, s'étant parjuré, s'étant élancé, s'étant méfié, s'étant ravisé, s'étant mépris, s'étant agenouillé, s'étant écroulé, s'étant souvenu, s'étant efforcé, s'étant morfondu, s'étant évadé.

PARTICIPES.

427. Cette propriété est bornée par la rivière. L'eau a bouilli assez longtemps. Sa conscience était bourrelée de remords. Ses consolations ont calmé mon chagrin. Nous avons reçu vos lettres. La campagne est désolée par la sécheresse et ravagée par les sauterelles. Les troupes étaient campées dans la forêt. La roue qui n'avait pas été enrayée fut rompue. Les articles de ce contrat étaient énoncés de telle sorte qu'ils étaient interprétés de diverses manières. Les juges ont annulé la saisie, parce qu'elle n'avait pas été enregistrée.

428. Nous avons couru et nous sommes arrivés à temps. Les nouvelles seraient bientôt répandues. La terre sera couverte de neige. Nous avons rempli nos verres. Mes sœurs ont travaillé avec ardeur et seront bien récompensées. Ceux qui auront contrevenu à la loi seront punis. Des amis sont intervenus et ont arrangé l'affaire. J'admirais l'éclat des armes réfléchissant au loin les rayons éblouissants du soleil. Les agneaux bondissants égayaient le regard. Vos efforts avaient contribué au succès.

429. Les domestiques ont éteint les flambeaux qui avaient été allumés pour la cérémonie. Les trois voyageurs pâlissants voyaient passer à côté d'eux le lion, le tigre, le léopard aussi tremblants qu'eux-mêmes, tandis que des torrents écumants, se précipitant des montagnes, roulant avec un horrible fracas, entraînaient les rochers et des arbres déracinés. Les lois établies doivent être respectées. Les arbres avaient fleuri de bonne heure. Ces enfants ont dormi toute la nuit; ils ont joué le matin dans des prés fleuris.

430. Les planètes connues et non connues sont probablement autant de mondes habités. Ma sœur a été accusée et reconnue innocente. La mémoire de la création allait s'affaiblissant peu à peu. Les provinces conquises, les batailles gagnées, la paix conclue, voilà ses titres de gloire. Les accusés auraient langui et seraient morts en prison. Nous avons causé, disputé et lu toute la soirée. Cette femme est morte regrettée de tout le monde. Devant lui étaient portées les délibérations du conseil.

431. Les arbres tombaient déracinés par le vent. Les ennemis auraient répandu des bruits alarmants. Des religieux compatissants soignaient les soldats blessés. Quand nous avons commencé à faire notre commerce chez ces peuples, nous avons trouvé parmi eux l'or et l'argent employés aux mêmes usages que le fer. Rome ayant été prise par les Gaulois fut saccagée, puis incendiée. L'innocence et la vertu sont plus souvent opprimées que triomphantes. Les bœufs mugissants et les brebis bêlantes, quittant les pâturages et regagnant l'étable, faisaient prévoir la tempête.

432. Les philosophes discutaient en se promenant. C'est de l'Asie que nous sont venus les meilleurs fruits. Les marins ayant regagné le port rendirent grâces à Notre-Dame. L'industrie, longtemps négligée et aban-

donnée dans notre pays, a pris enfin son essor ; depuis quelques années elle a vaincu tous les obstacles et est parvenue à un grand développement. Aux mauvais jours ont succédé des temps plus calmes. Les enfants qui avaient égorgé leurs pères et leurs mères, les épouses qui avaient trempé leurs mains dans le sang de leurs époux, les traîtres qui avaient livré leur patrie après avoir violé tous les serments, souffraient des peines moins cruelles que les hypocrites.

433. La grêle a cassé les vitres de ma chambre. Les vitres ont été cassées par la grêle. Les hommes prévoyant le danger ne sont pas moins braves que les autres. Ma sœur a gagné son procès, parce qu'elle avait consulté des avocats habiles et prévoyants. Excités par l'avidité, aveuglés par l'ambition, les hommes se font la guerre; lorsque la fumée de la gloire est dissipée, ils voient d'un œil triste la terre dévastée, les arts ensevelis, les nations dispersées, les peuples affaiblis, leur propre félicité ruinée et leur puissance réelle anéantie, ou au moins diminuée.

434. Qu'elle est belle cette nature cultivée ! Que par les soins de l'homme elle est brillante et pompeusement parée ! Il met au jour par son art tout ce qu'elle recélait dans son sein. Que de trésors ignorés ! Les fruits, les grains, les fleurs perfectionnés, multipliés à l'infini; les espèces utiles d'animaux transportées, propagées, augmentées sans nombre; les espèces nuisibles réduites, confinées, reléguées; l'or et le fer tirés des entrailles de la terre; les torrents contenus, les fleuves dirigés, resserrés, la mer soumise, reconnue, traversée d'un hémisphère à l'autre ; la terre accessible partout, partout

rendue aussi vivante que féconde ; dans les vallées de riantes prairies; au lieu d'eaux croupissantes, des ruisseaux coulant avec un doux murmure; dans les plaines des moissons jaunissantes ; les collines chargées de vignes et de fruits , leurs sommets couronnés d'arbres utiles; les déserts devenus des cités habitées par des populations immenses qui, circulant sans cesse, se répandent du centre aux extrémités; des routes ouvertes et fréquentées ; des communications établies partout.

435. Les grands pins, gémissant sous les coups des haches tranchantes, tombaient en roulant du haut des montagnes. La bataille était perdue, lorsque sont arrivées de nouvelles troupes qui ont changé la défaite en victoire. La noblesse donnée aux pères, parce qu'ils avaient rendu des services à l'Etat, a été laissée aux enfants pour les encourager au bien. La terre des montagnes est soutenue par les rochers, comme les chairs sont soutenues par les os. Les belles choses ont besoin d'être bien écrites, comme les pierres précieuses d'être bien enchâssées.

436. Les arts et les sciences ont toujours été protégés et encouragés par les gouvernements éclairés. Les ruisseaux, tombant des montagnes, sont loin de ressembler aux marais croupissants de la plaine et exhalant une odeur fétide. Vos sottises vous ont plus nui que vous ne croyez. Les jardins renferment des fontaines jaillissantes et roulant leurs ondes bondissantes. C'est en Asie que furent créés nos premiers parents. Vos entreprises n'ont pas réussi. Les frimats avaient succédé à l'automne. Ces personnes avaient espéré que nous serions

trompés par leurs belles paroles; déçues dans leurs projets, elles sont parties tout irritées.

437. Les questions les plus simples ont toujours em-
barrassé les mauvais élèves. Les eaux ont crû toute
la nuit; elles sont restées stationnaires jusqu'à midi, et
ont alors un peu diminué. Une poule ayant trouvé une
perle était fort embarrassée. Les marins vivent entourés
de périls toujours renaissants. J'ai vu le crime et l'ini-
quité triomphants. L'innocence et la vertu sont souvent
opprimées. Nous avons couru de grands dangers, tant
que nos gardiens ont été éloignés. J'ai vu les mêmes
élèves couronnés plusieurs fois et applaudis par tous les
spectateurs.

438. Quoique menacés d'être poursuivis, ils n'ont pas
renoncé à leurs odieuses tentatives. Nous avons par-
couru de riants vergers remplis d'arbres chargés de
fruits pendant jusqu'à terre. Des fantômes horribles ont
apparu à nos amis pâlissants. On a toujours vu les
hommes de bien honorés et respectés. Vaincus plusieurs
fois et refoulés par les Romains, mais jamais domptés,
les peuples du Nord ont enfin renversé les barrières qui
leur étaient opposées et pénétré de tous côtés dans l'empire. Au pied du trône était la Mort pâle et dévorante
avec sa faux tranchante qu'elle aiguisait sans cesse.

439. Les citoyens n'ont pas toujours obéi aux lois,
qui cependant sont faites pour leur bonheur. La beauté
passe comme une fleur qui, épanouie le matin, le soir
est flétrie et foulée aux pieds. Eux venus, le lion sur ses
ongles compta. Voilà les nouveaux livres qui ont paru.
Contemplez les coteaux éclairés par la lumière naissante
du soleil; voyez-les étalant leur parure brillante sous

les feux resplandissants du midi, et le soir, doucement illuminés par les rayons mourants du soleil et s'éteingnant dans les flots. Mes amis ont disparu avec la fortune qui m'avait si longtemps souri.

440. L'avalanche, froissant, ébranlant, bouleversant toutes les couches d'air qu'elle rencontre en tombant, donne naissance à des vents terribles : bientôt la tempête a éclaté; des éclairs brillant d'une lumière effrayante ont sillonné les nues ; les tonnerres grondant de toutes parts ont été répétés par les échos des montagnes ; les eaux du lac ont été violemment agitées et ont soulevé en mugissant leurs vagues écumantes; les vents, redoublant de fureur, ont jonché la terre des débris des arbres déracinés et roulant du sommet des montagnes; les nuages s'entre-choquant ont versé des torrents de pluie de leurs flancs déchirés par la foudre. En un instant toute la contrée est inondée; les ruisseaux grossis, bondissant avec impétuosité, renversant tous les obstacles, ont entraîné tout ce qui se rencontre sur leur passage. Les femmes ont fui, portant dans leurs bras leurs enfants gémissants, et suivies des vieillards tremblants et désolés. Les bergers, luttant contre les eaux débordées, ont tâché, par les sons perçants de leur trompe rustique, de rassembler leurs troupeaux errants et dispersés par la tempête.

EXERCICES

SUR LES

REMARQUES PARTICULIÈRES.

441. Jeanne d'Arc a été surnommée l'héroïne de Domremy, et Jeanne Hachette l'héroïne de Beauvais. Je chante ce héros qui régna sur la France. Il portait la vertu jusqu'à l'héroïsme. L'héroïque défense de la place a étonné les ennemis. Le xi⁰ siècle a vu la conquête de l'Angleterre par les Normands. Il est le héros de notre âge. Quel est le produit de huit multiplié par six ? Il fit de ses soldats autant de héros. C'est le héros de l'aventure que je vous ai racontée. Il a dit ce oui à regret. Cet héroïque vieillard préféra sa ruine à la honte d'une apostasie. Vos deux fils ont été, l'un le huitième et l'autre le onzième.

442. Cette action est au-dessus de la vertu commune, c'est de l'héroïsme. Il a promis de me payer dans la huitaine. J'ai dit ce oui-là de bon cœur. Parvenu à l'âge de onze ans, un enfant doit être déjà raisonnable. Voilà un beau trait d'héroïsme. Il arrivera le huit, le huitième jour. De onze enfants qu'ils étaient, il en est mort dix. Je veux savoir le oui ou le non de la proposition que je vous ai faite. Achille est le héros de l'*Iliade*, Enée est le héros de l'*Énéide*. Il est héritier pour le huitième ou le onzième. Nous arriverons vers les onze heures.

443. Bas-reliefs, loups-garous, beaux-esprits, mortes-saisons, choux-fleurs, fausses-clefs, francs-maçons, chênes-verts, chauves-souris, pies-grièches, grands-maîtres, adjudants—sous—officiers, quartiers-maîtres, basses-cours, fourmis-lions, courtes-pointes, petits-fils, vers-luisants.

444. Belles-dames, choux-navets, chiens-loups, arrière-neveux, contre-maîtres, vice-rois, non-valeurs, fausses-portes, avant-gardes, grands-pères, arrière-petits-fils, contre-ordres, essuie-mains, havre-sacs, beaux-frères, cure-dents, grand'mères, plains-chants.

445. Vice-présidents, contre-amiraux, entr'actes, gardes-champêtres, garde-robes, loups-cerviers, sous-lieutenants, belles-de-nuit, hors-d'œuvre, vice-amiraux, passe-ports, becs-d'âne, crocs-en-jambe, grand'messes, pots-de-vin, quasi-délits, vers-à-soie, corps-de-garde, ciels-de-lit, verts-de-gris.

446. Il y a en France quatre-vingt-six préfectures, deux cent soixante-dix-sept sous-préfectures, et environ trente-sept mille communes. La muraille bâtie par les Chinois a quatre cents lieues ou seize cents kilomètres de longueur et vingt pieds ou environ six mètres et demi d'épaisseur. L'Amérique a été découverte en mil quatr cent quatre-vingt-douze. L'imprimerie a été inventée en mil quatre cent quarante, il y a cinq cent vingt-neuf ans. Xénophon a écrit l'histoire de la retraite des Dix mille. J'aurais voulu que ce volume eût deux cent vingt pages : il n'en a que cent quatre-vingts.

Salomon avait douze mille écuries, contenant chacune vingt chevaux. Des trois cents pieds d'arbres que vous m'avez vendus, il n'y en a qu'environ deux cents qui soient venus. François Ier est monté sur le trône en mil cinq cent quinze ; il est mort en mil cinq cent quarante-sept.

447. A la bataille de Salamine, la flotte des Grecs se composait de trois cent quatre-vingts bâtiments et celle des Perses de plus de mille trois cents ; l'armée de terre des Perses s'élevait, suivant Hérodote, à cinq millions deux cent quatre-vingt mille deux cent vingt hommes ; elle fut arrêtée par Léonidas, qui, avec trois cents Spartiates, se maintint pendant plusieurs jours aux Thermopyles et ne succomba qu'après en avoir tué plus de vingt mille. L'homme a trente-deux dents, dont huit incisives, quatre canines et vingt molaires ; il est enfant jusqu'à l'âge de quatorze ans, adolescent de quatorze à vingt, jeune homme de vingt à trente, homme fait de trente à soixante ; sa vie se prolonge rarement au delà de quatre-vingts. Constantinople fut prise par les Turcs en mil quatre cent cinquante-trois.

448. Un bataillon compte huit cents ou huit cent trente hommes, et un régiment environ deux mille. J'ai acheté trois mille bottes de paille et seize cents de foin. L'année se compose de trois cent soixante-cinq jours et quelques minutes. On a prêté cinq cents francs à six pour cent. Les Etats-Unis d'Amérique proclamèrent leur indépendance vers l'an mil sept cent quatre-vingt. Mon jardin a quatre cents mètres de long et deux cent cinquante de large. Jésus-Christ est né environ quatre mille ans après la création du monde. Les Musulmans datent

les années à partir de la fuite de Mahomet, environ six cents ans après Jésus-Christ. Cette maison a été vendue quatre-vingt mille francs : le propriétaire a gagné quatre mille cinq cents francs. La bataille de la Moscowa fut livrée en mil huit cent douze : quatre-vingt mille hommes restèrent sur le champ de bataille ; on a calculé qu'on avait tiré environ deux cent seize mille coups de canon.

449. Les demi-savants ne doutent de rien. Les demi-mesures sont toujours dangereuses. Un lion de taille ordinaire a environ deux mètres et demi de longueur. Nous avons fait en une demi-heure dix kilomètres et demi ou un peu plus de deux lieues et demie de poste. Une demi-clarté nous guidait. Plusieurs demi-lunes défendaient les approches de la place. J'ai manqué le train de onze heures et demie : je prendrai celui de midi et demi, et j'arriverai à une heure trois quarts. Nous nous sommes écrit pendant trois ans et demi. Les demi-remèdes sont plus à craindre que l'absence de tout remède. J'ai une horloge qui sonne les heures, les demies et les quarts.

450. J'ai acheté une demi-douzaine de poires et une douzaine et demie de pommes. Le spectacle a duré jusqu'à onze heures et demie ou onze heures trois quarts ; une demi-heure après, nous étions rentrés chez nous. Nous nous mettrons au travail, quand la demie sonnera. Un volcan est un canon d'un volume immense, dont l'ouverture a souvent plus d'une demi-lieue. Mon père n'a pris les eaux que pendant une demi-saison : il aurait dû les prendre pendant une saison et demie. Envoyez-moi quatre demi-douzaines de *Grammaires* et trois demi-douzaines d'*Exercices*, en tout trois douzaines et

demie. Chaque soldat reçoit par jour une livre et demie de pain et une demi-livre de viande.

451. Une infinité de jeunes gens préfèrent le plaisir au travail : aussi la plupart finissent mal. Peu de personnes étaient de son avis. Une moitié des arbres moururent de la gelée. D'épais nuages voilaient le ciel; des éclairs éblouissants répandaient de sinistres lueurs sur tous les objets; le tonnerre faisait entendre des roulements lointains. Tant de conquêtes furent perdues. Une foule de malheureux recevront des secours. L'homme généreux reçoit de petits présents et en donne de grands. Je ne puis croire à de pareilles histoires, à des récits aussi peu raisonnables. Assez de gens voudraient faire le bien, mais très-peu s'y connaissent.

452. Je mange de bon pain, d'excellents légumes, de la viande délicate, mais je bois de fort mauvais vin. Il y a dans ce pays de belles prairies, des arbres élevés, de riches moissons, de gras pâturages et des rivières poissonneuses. Une petite quantité de vaisseaux échappèrent à la tempête : le reste périt. Combien d'hommes se proposent de faire une chose et font le contraire ! Que de richesses furent perdues ! La Provence produit de beaux fruits, d'excellent vin, des oranges et des amandes estimées. Peu d'hommes raisonnent juste, beaucoup ne prennent pas même le temps de réfléchir. Autant de batailles ont été livrées, autant de victoires ont été remportées.

453. Une douzaine de minutes suffirent. Peu de personnes savaient la nouvelle. Un très-petit nombre de femmes assistaient à la cérémonie. Il y avait là de jeu-

nes fous qui disaient de bonnes plaisanteries. Les
Athéniens rebâtirent les murs de la ville avec de vieux
matériaux, d'informes débris, des marbres précieux.
Une multitude d'objets de toute espèce frappèrent mes
regards. La plupart de mes livres sont reliés en veau.
La plupart du monde ignore ses véritables intérêts. De
grands malheurs, des chagrins cruels, ont détruit ma
santé. Une centaine de soldats déterminés arrêtèrent le
désordre.

454. Les méchants peuvent paraître heureux, mais
ne croyez pas qu'ils le soient. Ces enfants sont plus do-
ciles que je ne le supposais. Cette dame est plus âgée
qu'elle ne le paraît. On nous prenait pour les chefs de la
sédition, mais nous ne les étions pas. Vous êtes contents;
nous ne le sommes pas. La régente était jalouse de son
autorité, et elle le devait être. La noblesse donnée aux
pères, parce qu'ils étaient vertueux, a été conservée
aux enfants, afin qu'ils le devinssent. Je veux rester sa
mère, parce que je la suis, et c'est en vain que je ne la
voudrais pas être. Une pauvre fille demande à être chrétienne, et on ne veut pas qu'elle le soit.

455. Êtes-vous maîtresse de ce logis? Je ne le suis
pas. Êtes-vous la maîtresse de ce logis? Je ne la suis
pas. Bien des choses ne sont impossibles que parce qu'on
s'est habitué à croire qu'elles le sont. Vous croyiez que
nous étions les héritiers du défunt, mais nous ne les
sommes pas. Êtes-vous héritiers de votre oncle? Nous
le sommes. Êtes-vous mariée? Oui, je le suis. Êtes-vous
la mariée? Non, je ne la suis pas. La terre la plus fertile
le serait bien davantage, si elle était mieux cultivée.
Êtes-vous la mère de cet enfant? Je la suis. Êtes-vous

mère? Je le suis. Nous resterons dans la retraite, tant que nous le pourrons.

456. Vous m'avez rendu de plus grands services que je ne l'avais espéré. Êtes-vous ministres? Nous le sommes. Êtes-vous les ministres? Nous les sommes. Ils ne sont pas encore fort habiles, mais ils le deviendront. Les hommes sont souvent meilleurs qu'on ne le croit. Les Indous sont plus civilisés qu'on ne le suppose. Je me regarde comme la sœur des pauvres; je la suis de cœur, je la suis par ma tendresse pour eux. Nous devons défendre l'honneur et l'intérêt de nos parents, quand nous le pouvons sans injustice. Je n'ai pas été enrhumée de l'hiver, je le suis depuis les chaleurs. Cette femme est bienfaisante et le sera toujours.

457. Heureux qui vit chez soi! On est toujours indulgent pour soi-même. Ici-bas chacun pense à soi; mais l'homme de bien pense plus aux autres qu'à lui. Un enfant ne doit jamais parler de lui. Nul ne peut dire qu'il n'aura jamais besoin d'un plus petit que soi. Se connaître soi-même était un précepte de la sagesse antique. Quand on est au service des autres, on n'est plus à soi. Personne n'est plus maître de soi que mon frère. Quiconque rapporte tout à soi n'a pas beaucoup d'amis. Le riche n'est pas riche pour lui seul. Le temps emporte tout avec soi. Il est dangereux de prendre sur soi la responsabilité des actions d'autrui.

458. N'avoir rien à soi, c'est quelquefois de l'imprévoyance. De soi le vice est odieux. Celui qui n'a rien à soi traite légèrement les intérêts des autres. Dans toute société chacun travaille pour soi. L'égoïste ne s'occupe que de lui. Ces ruines portent en elles un caractère de

grandeur. Qu'il est fâcheux de ne pouvoir être à soi un quart d'heure ! Celui qui est en paix avec lui-même ne craint rien. La fortune entraîne avec elle bien des inconvénients. On n'est point à soi, quand on prend beaucoup d'engagements. La loi défend de porter des armes secrètes sur soi. La vertu est aimable de soi. Aucun homme ne dit de soi tout le bien qu'il en pense.

459. C'est à Dieu que nous devons adresser nos prières. C'est à vous que je parle. C'est d'elle que je me plains. C'est dans l'adversité que l'on reconnaît ses véritables amis. C'est des Grecs et des Romains que nous sont venues les lumières. C'est de lui que je tiens cette nouvelle. C'est aux Arabes que nous devons l'algèbre. Ce n'est pas de cela qu'il s'agit aujourd'hui. C'est le plus souvent de notre faute que nous sommes malheureux. C'est dans nos excès qu'il faut chercher la cause de la plupart de nos maladies. C'est à eux que je l'ai déclaré. C'était de lui que je parlais. C'est à vous que j'écrirai.

460. C'est de la vertu seule que nous devons attendre le bonheur. C'était à vous que j'avais affaire. C'est à Jenner, médecin écossais, qu'est due la découverte de la vaccine. C'est là que je demeure. C'est à Guttemberg qu'on attribue l'invention de l'imprimerie. C'est à la ville que je vais, et c'est de mon village que je viens. C'est à votre équité et non à votre indulgence que je m'adresse. C'est souvent du hasard que viennent tous nos biens et tous nos maux. C'est sur vous qu'on a jeté les yeux. C'est là qu'il habite. C'est dans cette boutique qu'on vend l'objet dont vous avez besoin. C'est à vous que je m'intéresse.

461. Le gibier du lion, ce ne sont pas des moineaux.

Ce sont les ingrats qui ont tué la bienfaisance. Ce ne sont pas les plaisirs que je recherche. Ce sont mes voisins qui avaient fait la faute, et c'est moi qui ai été puni. Ce sont des matières qui me sont tout à fait étrangères. Ce sont de charmants enfants. C'est mon frère et ma sœur qui sont allés chez vous. J'ai consulté votre oncle et votre cousin : ce sont eux qui m'ont donné cet avis. C'est moi qui ai remporté le prix ; c'est Jules et Paul qui me le disputaient. Ce ne sont pas toujours les plus habiles qui réussissent.

462. Ce sont nos imprudences qui ont causé notre malheur. C'est la gloire et l'ambition qui l'excitent. C'est moi qui me trompe. C'est vous et votre voisin qui êtes choisis. Ce sont mes amis qui sont venus aujourd'hui ; demain ce seront les vôtres. C'est l'avarice et l'ambition qui troublent le monde. C'est lui et moi qui avons gagné la partie. Sont-ce vos enfants ? Oui, ce sont eux. J'ai vu vos sœurs ; ce sont de charmantes personnes ; ce sont elles qui ont fait cette broderie. Ce sont vos conseils dont j'ai besoin. Sont-ce les ennemis qui ont été vaincus ? C'est nous qui avons remporté la victoire.

463. Ce sont les plaisirs et la gloire qui nous dirigent. C'est la gloire et les plaisirs dont il est avide. Ce furent les Français qui assiégèrent cette place et qui la prirent. Ce ne sont que festons, ce ne sont qu'astragales. Ce fut comme citoyens qu'ils agirent. C'est moi qui l'ai dit. C'est vous et moi qui l'accompagnerons demain. Sont-ce mes amis qui me tireront d'embarras ? Ce sont de simples citoyens qui ont sauvé la patrie. C'est vous et votre frère qui m'avez calomnié. Ce sont des préjugés qui nous ont fait bien du mal.

9

464. C'est un homme dont je vous réponds. Il m'a tenu un discours auquel je n'ai rien compris. Les gens à qui j'ai dit cette nouvelle ne m'ont pas voulu croire. Celui pour qui je plaide est digne de votre pitié. C'est une condition à laquelle je ne puis renoncer. Vous avez des habitudes auxquelles il est difficile de se plier. Voilà les rochers contre lesquels le vaisseau s'est brisé. *Donner* est un mot pour lequel l'avare a de l'aversion. La table sur laquelle j'écris est peu solide. Choisissez bien les amis à qui vous vous confiez. L'affaire dans laquelle vous êtes engagé me semble peu avantageuse. Le mensonge est un vice pour lequel les élèves devraient avoir la plus grande horreur.

465. Les chevaux de ce poil-là sont ordinairement tout bons ou tout mauvais. Des femmes tout éplorées suivaient le cercueil. Tout intéressante, toute vraie qu'est cette histoire, on blâme le narrateur. Ce sont de jeunes personnes tout aimables, toutes pleines d'esprit. Tout habiles qu'ils sont, ils n'ont pu me persuader. Elle est tout étonnée et toute honteuse de vos reproches. Tout laborieux qu'ils sont, ils regrettent cependant le temps des vacances. On nous a apporté une moitié de chevreuil tout entière. Le malade prendra une potion toutes les deux heures. Tout heureuses et toutes chéries qu'elles sont, elles paraissent s'ennuyer.

466. Ces vins-là doivent être bus tout purs. La révolution, toute pacifique qu'elle a été, a causé bien des désastres. Elles sont tout autres que vous ne les avez connues. C'est toute la même chose. La compagnie était tout attentive et tout émue. Je reçois une lettre tous les mois; auparavant j'en recevais tous les quinze jours.

Tous mes parents s'en félicitent. Cette somme est toute où vous l'avez laissée. Tout ingrate qu'est cette personne, il faut lui pardonner. Elle m'a dit mes vérités tout en riant. Tout raisonnables qu'ils sont, toutes prudentes qu'elles paraissent, il faut les surveiller. Tout blessés qu'ils étaient, ils n'ont pas voulu se rendre.

467. Quelque opiniâtres que nous soyons, nous plions facilement devant nos intérêts. Quelque adroitement qu'ils s'y prennent, ils échoueront. Quelque éclatantes qu'aient été nos victoires, elles n'ont pas égalé les triomphes de notre industrie. Quelque bien écrits que soient ces ouvrages, quelle qu'en soit la valeur, personne ne les lit. Quelque méchants qu'ils soient, je ne les crains pas. Quelque grandes que soient nos richesses, quelques avantages que nous ayons reçus de la nature, n'oublions pas que tous les hommes sont frères. Certaines personnes se plaindront toujours, quelle que soit leur fortune, quelque heureuses qu'elles soient.

468. Venez, pécheurs, quelque coupables que vous soyez, quelles que soient vos fautes. On apprivoise les lions, quelque féroces qu'ils soient. Quelques talents que vous ayez, quelles que soient vos vertus, on médira de vous. Les titres, quels qu'ils soient, ne sont rien, si ceux qui les portent ne sont rien par eux-mêmes. Quelles que soient les circonstances où l'on se trouve, il faut remplir son devoir. Quelque sage que soit votre conduite, on vous critiquera. Quels que soient vos projets, quelles que soient vos ressources, quelque habiles que vous soyez, vous ne m'effraierez pas. Quels que soient votre fortune et votre pouvoir, quelles que soient vos dignités, quelque favorisé que vous soyez, vous ne pouvez vous passer de l'estime d'autrui.

469. Il importe que vous sachiez à quoi vous en tenir, et que vous preniez des mesures pour que vos intérêts ne soient pas compromis. Il importait que vous sussiez à quoi vous en tenir et que vous prissiez des mesures pour que vos intérêts ne fussent pas compromis. Je souhaite que vous receviez des renseignements qui puissent vous faire connaître la vérité. J'aurais souhaité que vous reçussiez des renseignements qui pussent vous faire connaître la vérité. Votre frère veut qu'on passe d'abord chez lui, qu'on aille ensuite chez vous et qu'on revienne par chez votre sœur. Votre frère voudrait qu'on passât d'abord chez lui, qu'on allât ensuite chez vous et qu'on revînt par chez votre sœur. Je ne pense pas que vous ayez réussi. Je n'aurais jamais pensé que vous eussiez réussi. Souffrez-vous qu'on vous dise la vérité? Souffririez-vous qu'on vous dît la vérité? La pluie empêche qu'on n'aille se promener. La pluie a empêché qu'on n'allât se promener.

470. Je doute que vous deveniez savant. Il n'est pas besoin que vous terminiez aujourd'hui votre travail; il suffirait que vous en fissiez la plus grande partie. Il vaudrait mieux que tu t'acquittasses de ton devoir. Nous avons toujours désiré que tu revinsses auprès de nous. Personne n'aurait cru qu'il en vînt à bout si facilement. Quoique vous fussiez prévenu, vous vous êtes mis en retard. Nous ne soupçonnions pas qu'il manquât à sa parole. Vous n'auriez pas pensé qu'il pût vous trahir. J'avais craint que vous ne rencontrassiez trop d'obstacles. Vos parents souhaitent que vous triomphiez des difficultés. Que vouliez-vous que je fisse?

471. On se plaignait que vous n'écrivissiez pas. En

supposant que je consentisse à votre départ, vous ne deviez pas espérer que je le supportasse sans chagrin. Il y a peu de personnes auxquelles on ne puisse trouver quelque défaut. La religion défend que nous fassions aux autres ce que nous ne voudrions pas qu'on nous fît à nous-mêmes ; elle exige que nous sacrifiions nos inté-rêts à notre devoir et que nous pardonnions et même que nous oubliions les injures. Quel que fût son talent, il n'est arrivé à rien. Il était juste que le coupable fût puni ; il ne le sera pas moins que l'innocent soit dédom-magé. Je voulais qu'on me rendît justice.

472. Personne ne croit qu'il soit coupable et qu'on puisse le condamner. Quelques efforts que vous fissiez vous ne réussiriez pas. Peu s'en est fallu qu'il ne tom-bât. J'aurais souhaité que vous arrivassiez plus tôt. Ils se sont hâtés de rentrer de peur que la porte ne fût fer-mée. Quoi que vous disiez ou que vous fassiez, je ne consentirai jamais. Il importerait que vous partissiez dès aujourd'hui. J'ignorais que vous eussiez accepté une pa-reille proposition. Si grand que soit un homme, il a quelque faiblesse. Alexandre voulut que tous ses sujets l'adorassent. Le chien est le seul animal dont la fidélité soit à l'épreuve.

473. Auguste défendit qu'on l'appelât seigneur. Il a souffert qu'on lui enlevât son argent. Dieu a permis que les justes fussent mis à l'épreuve, afin que leur vertu triomphât. Vous ignoriez que mon fils eût embrassé cette carrière. Je suis fâché que vous ayez pris cette ré-solution. Il y avait peu de personnes qui ne blâmassent cette action. Est-il bien nécessaire que vous achetiez ces bijoux ? Il suffisait que vous prissiez quelques pré-cautions. Je ne sortirai pas que vous ne l'ayez permis.

On a trouvé mauvais que je n'eusse pas pris part à cérémonie, quoique j'eusse de bonnes raisons.

474. Je tremble qu'il n'ait été reconnu. Vous n'aimez pas que votre fils aille si souvent au spectacle. On appréhendait qu'ils n'échouassent. Vous niez que nous fassions tous nos efforts. Il n'est pas juste que vous nous accusiez sans preuve. La Providence a permis que les barbares détruisissent l'empire romain et vengeassent l'univers asservi. Il serait à désirer que tous les hommes pratiquassent les préceptes de l'Evangile, qu'ils fissent le bien, s'abstinssent du mal et s'aimassent comme des frères. Je ne croirai pas que vous soyez si habile avant que j'en aie eu la preuve. Pourvu qu'un homme passe pour riche, on se met peu en peine qu'il soit vertueux.

—

Participe.

475. Nous avons loué la page que vous avez écrite. Avez-vous étudié la leçon que je vous ai donnée? Les élèves que nous avons interrogés ont bien répondu. Les voisins ont reçu la caisse que vous leur avez envoyée. C'est ma sœur qu'on a admirée. Les grandes découvertes immortalisent ceux qui les ont faites et ceux qui les ont perfectionnées. Qu'as-tu fait de la plume que je t'ai prêtée? Nous avons cru trop facilement les histoires que vous nous avez racontées; on les a démenties, et on nous a tournés en ridicule. Cette mère a retrouvé les enfants qu'elle avait crus perdus.

476. Voilà les enfants que nous avons instruits, que nous avons entourés de nos soins, et auxquels nous

avons consacré tous nos instants. Le tyran ne mangeait que des fruits qu'il avait cueillis lui-même, ou des légumes qu'il avait semés et qu'il avait fait cuire. Si la course nous avait fatigués, quelques heures de repos nous ont délassés. Autant d'entreprises il a tentées, autant il en a menées à bonne fin. C'est le frère et la sœur que j'ai rencontrés aujourd'hui ; hier c'était le père et le fils que j'avais vus. Les voleurs que l'on a arrêtés étaient encore nantis des objets qu'ils avaient dérobés.

477. Les sommes que j'ai reçues, je les ai portées à votre crédit. Le cheval et la jument que j'avais achetés sont morts. Qu'avez-vous fait des graines que je vous ai données ? Je les ai semées, et elles sont bien venues. Je vous ai envoyé les objets que vous m'avez demandés. Nous avons vu cette comédie, et nous l'avons trouvée charmante. Les services que vous m'avez rendus, je ne les ai pas oubliés. Que d'erreurs n'a-t-il pas commises ! De combien de chagrins ne l'a-t-on pas accablé ! L'histoire que j'ai parcourue est remplie d'erreurs. Les personnes auxquelles nous avons plu nous ont témoigné leur satisfaction.

478. Il a élevé plus de monuments que d'autres n'en ont détruit. On retient facilement les leçons qu'on a apprises avec goût. Combien d'historiens ont décrit les maux qu'ont entraînés les guerres civiles ! Combien en a-t-on vus qui, du soir au matin, sont devenus pauvres pour avoir voulu trop tôt être riches ! Tous mes voisins m'ont offert des services, et personne ne m'en a rendu. Vous parlez de philosophes, j'en ai beaucoup entendu qui dissertaient avec éloquence. Il a fait plus d'exploits que d'autres n'en ont lu. Je n'oublierai jamais les services que j'en ai reçus. La fleur que je vous ai offerte, je l'avais cueillie moi-même.

479. Quels agréables moments nous avons passés ensemble ! Les accusés que vous aviez supposés coupables ont été acquittés. On prend un plaisir secret à trouver petits ces objets qu'on a vus si grands. Il n'a pas profité de la permission que je lui ai donnée de sortir. Les maximes de vertu que j'ai tâché de vous inspirer ont porté leurs fruits. Des soupçons, je n'en ai point eu. Que de bonnes occasions vous avez perdues ! Les mauvais penchants que j'ai remarqués en vous, je ne sais trop qui vous les a inspirés. Gardez-vous de vendre la maison que vous ont laissée vos parents. Les vitres que le vent a cassées ont été remplacées.

480. Vous ne sauriez vous imaginer quels ennuis elle s'est attirés par son indiscrétion. Elle s'est endormie sur les genoux de sa mère ; on l'a réveillée au moment du départ. Quand nous nous sommes acquittés de notre devoir, nous avons le cœur content. On a dit qu'elle s'était trouvée mal ; elle s'est seulement sentie indisposée. Elle s'est donné la peine de vous avertir. Les sommes qu'ils se sont prêtées sont à peu près égales. Ces hommes se sont nui le plus qu'ils ont pu. L'alliance qu'ils se sont jurée s'est resserrée par les circonstances. Nous nous sommes écrit, et nous nous sommes régulièrement répondu toutes les semaines.

481. Voilà les lettres que nous nous sommes écrites et les réponses que nous nous sommes faites, tant qu'a duré notre séparation. Vous vous êtes plu à me chagriner. Vous êtes-vous parlé, vous êtes-vous seulement salués, lorsque vous vous êtes rencontrés ? Les méchants

se sont toujours attaqués aux honnêtes gens ; ils se sont toujours rendu les services qu'ils ont eu l'occasion de se rendre. Nous nous sommes suffi à nous-mêmes, lorsque nos affaires se sont embarrassées : les amis auxquels nous aurions eu recours se seraient trouvés hors d'état de nous aider.

482. Quelque bonnes raisons que nous leur ayons allé-guées, ils se sont refusés de nous entendre ; ils ne nous ont pas écoutés ; mais ils se sont repentis de leur dureté. Ma sœur s'est persuadée que ses amis s'étaient joués d'elle. Les accidents se sont succédé sans interruption. Au premier jour ils se sont convenu, ils se sont associés, et jamais la plus légère querelle ne s'est élevée entre eux ; ils se sont toujours plu, et leur amitié s'est accrue. Les invités se sont montrés très-aimables ; nous nous sommes empressés de les prier de revenir ; ils s'y sont engagés. Ils se sont plaints de moi.

483. Vos enfants se sont nui par leur légèreté et se sont attiré des reproches qu'ils ont bien mérités. Cette maison s'est vendue plus cher que je ne l'aurais cru. La foule s'est amassée rapidement autour des malheureux que la voiture avait renversés. Les élèves que j'ai vus jouer ne sont pas ceux que j'ai vu punir par leur maître. Elle nous a fait payer les services que nous lui avons demandés, et qu'elle s'était offerte à nous rendre. La dame que j'ai entendue chanter a la plus belle voix que j'aie jamais entendue. Je n'ai pas reçu les journaux que j'avais envoyé chercher à la poste.

484. La romance que j'ai entendu chanter s'est bien vite propagée. Les démarches que nous avions voulu faire ont été impossibles. Ma sœur s'est fait peindre. La chose

était plus sérieuse que nous ne l'avions pensé. Ne renoncez jamais aux projets de réforme que vous avez commencé à appliquer. La plus grande difficulté que j'aie eu à vaincre a été ma paresse. Les enfants que l'on a habitués à craindre les ténèbres se sont rarement guéris de la peur qu'on leur en avait inspirée. Nous nous attachons à ceux auxquels nous avons tâché de faire du bien. Ils se sont imaginé que vous les aviez voulu tromper. Nous avons renoncé aux mesures que nous nous étions proposé de prendre.

485. Les lettres que nous nous sommes adressées ne nous sont pas parvenues. Les provisions que j'ai fait acheter étaient gâtées. Les chefs que le prince a faits comtes ou ducs l'avaient mérité par leur courage. Les distinctions et les honneurs que nous avons obtenus ne nous ont pas préservés des calomnies. Bien des personnes se sont nui par des propos dont elles n'avaient pas mesuré la portée. Les vrais grands hommes se sont toujours plu à faire le bien. Combien de lois n'a-t-on pas rendues qu'on n'a jamais fait exécuter ! Les travaux que j'ai décidé d'entreprendre ont semblé exagérés. Les poissons que j'ai vu prendre étaient énormes.

486. Les desseins que vous avez osé concevoir vous ont conduits à une ruine que vous auriez dû prévoir. Les réglements que l'on a essayé d'établir n'ont pas été suivis. Madame, vous vous êtes montrée digne des égards qu'on a eus pour vous ; vous vous êtes attiré le respect de tout le monde par votre mérite. Je vous aurais renvoyé la grammaire et le dictionnaire que vous m'aviez prêtés, si l'occasion s'en était présentée. Les Russes sont venus tard, et, ayant introduit chez eux les arts que les autres

nations avaient eu tant de peine à perfectionner, il est arrivé qu'ils ont fait plus de progrès en cinquante ans qu'aucun peuple n'en avait fait par lui-même en plusieurs siècles.

487. Les sommes que j'avais espéré recevoir et qui m'étaient bien dues ne m'ont pas été payées. Les entretiens auxquels nous avons assisté roulaient sur des choses auxquelles nous ne nous serions pas attendus. La nature s'est plu à disperser dans les différentes parties du globe les dons qu'elle a faits à l'homme. Il a fait de grandes fautes ; mais montrez-moi quelqu'un qui n'en ait pas fait d'aussi grandes. Les personnes auxquelles nous nous sommes confiés ne méritaient pas la confiance que nous avions toujours eue en elles. Quelle peine et quel travail m'a donnés cet ouvrage ! Ce qui nous a le plus gênés en traversant les forêts vierges, ce sont les plantes grimpantes qui s'étaient entrelacées.

488. Nous nous sommes souvent repentis d'avoir parlé, et jamais de nous être tus. Nous nous sommes succédé sans avoir mieux réussi les uns que les autres. Les protections que nous nous sommes efforcés d'acquérir nous ont moins servi que nous ne l'avions espéré. Que de chagrin et de douleur j'ai éprouvés en apprenant les malheurs qui les ont frappés ! Les procès que ma sœur a dû soutenir l'ont ruinée. La vérité et le mensonge que vous paraissez avoir confondus sont bien différents. Les criminels que nous avons vus passer ont bien mérité la peine qu'on leur a infligée. Plus on lui a donné de fruits, plus il en a mangé.

489. Les personnes charitables se sont cotisées pour soulager les misères que l'hiver a ramenées. L'orthographe des participes n'est pas aussi difficile qu'on l'a cru ou qu'on a paru le croire. Les sacrifices que mes cousines se sont imposés leur ont semblé légers. Nos soldats se sont emparés d'une ville qu'on avait jugée inexpugnable. Un naturaliste recueillit .quelques pieds de caféier ; les ayant transportés à Paris, il les cultiva au jardin des Plantes ; c'est de là que sont provenues toutes les plantations qu'on en a faites en Amérique, où la culture s'en est répandue. Quelques richesses qu'un père avare ait amassées, un fils prodigue les a bientôt dissipées.

PRINCIPAUX HOMONYMES.

1.

Aie (que j'), etc., verbe *avoir*,
Ais, *n. m.*, planche.
Es (tu), etc., verbe *être.*
Haie, *n. f.*, clôture d'épine, etc.
Hais (je), etc., verbe *haïr.*

Les chemins sont bordés de haies vives. Un ais sur deux pavés forme un étroit passage. Je ne crois pas que tu aies raison. Rien n'est beau que le vrai, le vrai seul est aimable. Le vrai chrétien ne hait pas le pécheur, il ne hait que le péché. Tu n'es pas sûr qu'il ait fait son devoir. Une clôture faite avec des ais de bateau dure moins qu'une haie.

2.

Air, *n. m.*, fluide, vent, manière, musique.

AIRE, *n. f.*, place où l'on bat le grain, nid des oiseaux de proie, direction du vent.

ÈRE, *n. f.*, point fixe d'où l'on commence à compter les années.

ERRE (je), etc., verbe *errer*.

HAIRE, *n. f.*, chemise de crin.

HÈRE, *n. m.*, homme sans fortune.

L'ère chrétienne commence à la naissance de Jésus-Christ, et l'ère des musulmans, à la fuite de Mahomet. Les loups errent la nuit. Cette personne a l'air fort aimable. Les aigles font toujours leur aire au même endroit. Plusieurs ordres religieux portent la haire et le cilice. Vos pareils y sont misérables, cancres hères et pauvres diables.

3.

ALÈNE, *n. f.*, outil de cordonnier.

HALEINE, *n. f.*, respiration.

La pointe de cette alène est émoussée. Cet orateur a une bonne haleine.

4.

AMANDE, *n. f.*, fruit.

AMENDE, *n. f.*, peine pécuniaire.

AMENDE (j'), etc., verbe *amender*.

Il a été condamné à une forte amende. J'ai récolté des amandes douces et des amandes amères. On amende les terres par les labours et les engrais.

5.

ARE, *n. m.*, mesure agraire.

ART, *n. f.*, science, talent.
HART, *n. f.*, lien d'osier.
ARRHES, *n. f.*, gage, assurance.

Il est engagé, puisqu'il a pris des arrhes. L'hectare vaut cent ares. Voilà une statue faite avec beaucoup d'art. Il a saisi le fagot par la hart, et l'a mis sur son épaule.

6.

AU, AUX, article.
AULX, *n. m.*, pluriel de *ail*, légume.
EAU, *n. f.*, élément liquide.
HAUT, *adj.*, élevé.
OS, *n. m.*, partie la plus dure du corps.

Il y a de fort belles pièces d'eau dans ce parc. Ce mur est haut de deux mètres. On doit se soumettre aux lois, au prince, et se résigner au malheur et aux maladies. Il y a des aulx cultivés et des aulx sauvages. Les eaux de la mer ont séjourné sur les plus hauts pics des montagnes.

7.

AUTEL, *n. m.*, pour les sacrifices.
HÔTEL, *n. m.*, grande maison.

Chez les Hébreux, il y avait un autel des holocaustes et un autel des sacrifices. La cour de l'hôtel est pleine de monde.

8.

BAS, *adj.*, peu élevé.
BAS, *n. m.*, partie du vêtement,

Bat, *n. m.*, selle pour les bêtes de somme.
Bats (je), etc., verbe *battre*.

Les pauvres n'ont souvent ni bas ni souliers. Le mulet a été blessé par son bât. Le lion se bat les flancs avec sa queue. Ce terrain est bas et marécageux.

9.

Celle, celles, *pron. dém.*
Cèle (je), etc., verbe *celer*.
Scelle (je), etc., verbe *sceller*.
Sel, *n. m.*, substance acide.
Selle, *n. f.*, siége qu'on met sur les chevaux.
Selle (je), etc., verbe *seller*.

Celui qui cèle la vérité aux hommes ne la cèle point à Dieu. L'eau de la mer contient du sel. C'est, de toutes les choses du monde, celle que j'aime le mieux. Cette selle porte trop sur le devant. Il y a des princes qui scellent en argent, et quelquefois le pape scelle en plomb. Que les domestiques sellent vite nos chevaux.

10.

Cène, *n. f.*, dernier repas de Jésus-Christ.
Saine, *adj.*, en bon état.
Seine, *n. f.*, fleuve.
Scène, *n. f.*, partie d'un théâtre, d'une pièce.

La Seine passe à Paris. La scène était bien éclairée. Prenez une nourriture saine et abondante. Lisez les belles scènes de Racine. Jésus-Christ fit la cène avec ses apôtres.

11.

Cens, *n. m.*, impôt.

Cent, *adj.*, *de nombre.*
Sang, *n. m.* fluide vital, race.
Sans, *propos.*
Sens, *n. m.*, organe, jugement.
Sens (je), etc., verbe *sentir.*
Sens, *n. m.*, ville.

Le sang lui monte à la tête. Il se sent faible. C'est un homme sans force et sans vertu. Ce meuble a coûté cent francs. Il est issu du sang royal. Pour être électeur, il fallait autrefois payer deux cents francs de cens. La ville de Sens possède un archevêché. La vue, l'ouïe, l'odorat, le toucher, le goût, sont les cinq sens. Le bon sens naturel se développe par l'instruction.

12.

Cerf, *n. m.*, animal.
Serf, *n. m.* esclave.
Serre, *n. f.*, lieu couvert, pieds des oiseaux de proie.
Serre (je), etc., verbe *serrer.*
Sers (je), etc., verbe *servir.*

Il y a dix ans qu'il me sert. On a rentré les orangers dans la serre. Les chiens ont lancé plusieurs cerfs. Cette vue serre le cœur. En Russie les serfs forment la plus grande partie de la nation. Voilà les ouvrages dont je me sers.

15.

Chaîne, *n. f,*, lien de métal.
Chêne, *n. m.*, arbre.

La chaîne du puits est rompue. Les chênes ont le tronc noueux.

14.

CHAIR, *n. f.*, substance, aliment.
CHAIRE, *n. f.*, tribune.
CHER, *n. m.*, rivière,
CHER, *adj.*, chéri, précieux.
CHÈRE, *n. f.*, régal, nourriture.

Le Cher donne son nom à un département. Sa plaie va bien, les chairs commencent à revenir. On fait bonne chère dans ce pays. Le prédicateur est descendu de chaire. Ses plus chers amis l'ont condamné. Ce drap est trop cher.

15.

COMTE, *n. m.*, titre de noblesse.
COMPTE, *n. m.*, calcul, mémoire.
COMPTE (je), etc., verbe *compter*.
CONTE, *n. m.*, récit.
CONTE (je), etc., verbe *conter*.

Celui qui compte sans son hôte compte deux fois. On fait d'étranges contes sur cet homme-là. Il y a une couronne de comte sur les panneaux de cette voiture. Les enfants aiment qu'on leur conte des histoires. Nous n'avons pas trouvé le compte de notre argent.

16.

COU, *n. m.*, partie du corps.
COUP, *n. m.*, choc.
COUDS, (je), etc., verbe *coudre*.
COUT, *n. m.*, prix d'un objet.

Il s'est donné un grand coup contre la muraille. Cet

énfant est toujours pendu au cou de sa mère. Le coût de ce jugement a ruiné les plaideurs. On coud plusieurs cahiers ensemble pour en faire un volume.

17.

Cour, *n. f.*, enclos.
Cours, *n. m.*, mouvement de l'eau qui coule.
Court, *adj.*, peu long.
Cours (je), etc., verbe *courir*.
Courre, *n. m.*, terme de chasse.

Il a les bras trop courts pour sa taille. La rivière a a pris son cours par là. Toute la cour était pleine de voitures. La chasse à courre est très-fatigante. Cet homme court après la fortune.

18.

Dégoutant, *part.*, qui rebute.
Dégouttant, *part.*, d'où l'eau tombe goutte à goutte.

Il arrive bien des choses dégoûtantes dans la vie. Sa chemise était toute dégouttante de sueur.

19.

Foi, *n. f.*, croyance, fidélité.
Foie, *n. m.*, viscère.
Fois, *n. f.*, une fois, deux fois.

Sa foi m'est un peu suspecte. Rien ne saurait l'empêcher de faire ce qu'il a une fois résolu. Les foies de certains animaux servent de mets.

20.

Lai, *n. m.*, vieille chanson.

Lai, *adj.*, laïque.

Laid, *adj.*, difforme.

Laie., *n. f.*, femelle du sanglier.

Lait, *n. m.*, laitage.

Lé, *n. m.*, largeur d'une étoffe.

Legs, *n. m.*, don par testament.

Les, *art. pron. plur.*

Lez, *prép.*, près de.

Quand les enfants se trompent, il faut les reprendre. Le genre de petits poëmes qu'on appelait des lais n'est plus cultivé. Louis XI est mort à Plessy-lez-Tours. Les premiers hommes se nourrissaient du lait de leurs troupeaux. Les chasseurs ont tué une laie avec ses marcassins. Cette robe a cinq lés de tour. Un homme n'est jamais laid avec une belle âme. Il n'y a pas de fonds, où prendra-t-on les legs? On appelle frères lais ou sœurs laies des religieux qui ne sont point destinés aux ordres sacrés.

21.

Mai, *n. m.*, cinquième mois de l'année.

Mais, *conjonct.*

Mes, *adj. poss. plur.*

Mets, *n. m.*, nourriture.

Mets, (je), etc., verbe *mettre*.

Le mois de mai est le temps des fleurs. Pour moi, je mets mon bonheur à faire du bien. Il est riche, mais avare. L'abondance des mets nuit à la santé. J'ai perdu mes biens, mes honneurs.

22.

Maître, *n. m.*, possesseur, professeur.

Mètre, *n. m.*, mesure.
Mettre, (je), etc., *mettre*.

Cette maison a dix-huit mètres de largeur et seize mètres de profondeur. Les enfants ne respectent pas toujours leurs maîtres. Il faut mettre sa confiance en Dieu.

23.

Maure, ou More, *n. m.*, peuple d'Afrique.
Mords (je), etc., verbe *mordre*.
Mors, *n. m.*, partie d'une bride.
Mort, *n. f.*, fin de la vie.

Ce mors blesse la bouche de votre cheval. La mort n'épargne personne. L'Espagne a été conquise par les Maures. Ce chien mord les passants.

24.

Mou, *adj.*, qui n'est pas dur, sans vigueur.
Moue, *n. f.*, grimace faite par humeur.
Mouds (je), etc., verbe *moudre*.
Moût, *n. m.*, vin doux et nouveau.

Il a été malade pour avoir bu trop de moût. Ce cheval est mou et n'a point de force. Ce moulin ne moud pas assez fin. Je ne sais pourquoi vous me faites une si vilaine moue.

25.

Pair, *adj.*, égal.
Pair, *n. m.*, titre de dignité.
Paire, *n. f.*, couple.
Père, *n. m.*, qui a des enfants.

Pers, *adj.*, couleur entre le vert et le bleu.
Perds (je), etc., verbe *perdre*.

Les douze pairs de France sont célèbres dans les romans de chevalerie. Cet homme est le père des pauvres. Minerve est appelée la déesse aux yeux pers. L'avarice perd tout, en voulant trop gagner. Il est pair et compagnon avec lui. Envoyez-moi une paire de lunettes.

26.

Raie, *n. f.*, trait, poisson.
Rais, *n. m.*, rayon d'une roue.
Rets, *n. m.*, filets.
Ré, *n. pr.*, île.
Ré, *n. m.*, note de musique.
Rez, *prép.*, contre, près de.

Un lion était pris dans des rets. Il y a un rais rompu à cette roue. Du rivage on aperçoit l'île de Ré. Les étoffes à raies sont d'assez bon goût. Depuis le rez-de-chaussée jusqu'au haut, il y a neuf mètres. Cette double croche est un ré.

27.

Raine, *n. f.*, grenouille.
Reine, *n. f.*, femme d'un roi.
Rène, *n. f.*, courroie, guide.
Renne, *n. m.*, espèce de cerf du Nord.
Rennes, *n. pr.*, ville de France.

La femelle du renne a des bois comme le mâle. Le proverbe « heureuse comme une reine, » n'est pas toujours vrai. Le chef-lieu du département d'Ille-et-Vilaine est Rennes. Dans quelques provinces, on donne encore aux grenouilles le nom de raines. Son cheval rompit ses rênes et l'emporta.

28.

Saut, *n. m.*, action de sauter.
Sceau, *n. m.*, grand cachet.
Seau, *n. m.*, vaisseau propre à contenir de l'eau.
Sot, *adj.*, dépourvu d'esprit.

Un sot savant est plus sot qu'un sot ignorant. La panthère ne va que par sauts et par bonds. Les seaux à incendie sont faits d'osier et garnis de cuir en dedans. Les sceaux de l'Etat sont confiés à un ministre qui prend le titre de Garde des Sceaux.

29.

Tain, *n. m.*, lame d'étain derrière les glaces.
Teint, *n. m.*, coloris du visage, teinture.
Thym, *n. m.*, plante.
Teins (je), etc., verbe *teindre*.
Tins (je), etc., verbe *tenir*.

Le miel des abeilles qui sucent le thym est le meilleur. On a enlevé tout le tain de cette glace. Cette étoffe est bon teint. La ferme contenance des soldats tint l'ennemi à distance. Le soleil gâte le teint. Le bois de Brésil teint en rouge l'eau dans laquelle on le plonge.

30.

Tan, *n. m.*, écorce du chêne moulue.
Tant, *adv.*, autant.

Temps, *n. m.*, durée.
Tends (je), etc., verbe *tendre*.

Rien ne pèse tant qu'un secret. On écorce les jeunes chênes pour en faire du tan. L'humidité tend les cordes. Le temps fera découvrir la vérité.

31.

Ton, *adj. poss.*
Ton, *n. m.*, manière, inflexion de voix.
Thon, *n. m.*, poisson.
Taon, *n. m.*, grosse mouche.
Tonds (je), etc., verbe *tondre*.

Les bœufs longtemps harcelés par les taons deviennent furieux. Le bon pasteur tond ses brebis, mais il ne les écorche pas. La Hollande exporte beaucoup de thon frais et de thon mariné. Ton honneur et ton devoir sont d'accord. Le bon ton s'acquiert par la fréquentation des personnes bien élevées.

52.

Tords (je), etc., verbe *tordre*.
Tors, *adj.*, tordu.
Tort, *n. m.*, dommage, erreur.

Vous aggravez vos torts en agissant ainsi. On tord le linge pour en exprimer l'eau. Le fil tors est plus fort que celui qui ne l'est pas.

33.

Ver, *n. m.*, insecte.
Verre, *n. m.*, corps transparent, vase.

VERS, *n. m.*, assemblage de mots mesurés.
VERS, *prép.*
VERT, *adj.*, de la couleur de l'herbe.

La découverte du verre est, dit-on, due au hasard. Le langage des vers diffère beaucoup de celui de la prose. Le malheureux lève les yeux vers le ciel. La domestique a mal nettoyé les verres. Certains arbres restent toujours verts. Le ver du remords ronge la conscience, comme le ver ronge le bois.

1295. — Typ. GUIRAUDET, place de la Mairie, 2, à Neuilly.

www.ingramcontent.com/pod-product-compliance
Lightning Source LLC
Chambersburg PA
CBHW071229290326
41931CB00037B/2482